essentials liefern aktuelles Wissen in konzentrierter Form. Die Essenz dessen, worauf es als „State-of-the-Art" in der gegenwärtigen Fachdiskussion oder in der Praxis ankommt. *essentials* informieren schnell, unkompliziert und verständlich

- als Einführung in ein aktuelles Thema aus Ihrem Fachgebiet
- als Einstieg in ein für Sie noch unbekanntes Themenfeld
- als Einblick, um zum Thema mitreden zu können

Die Bücher in elektronischer und gedruckter Form bringen das Expertenwissen von Springer-Fachautoren kompakt zur Darstellung. Sie sind besonders für die Nutzung als eBook auf Tablet-PCs, eBook-Readern und Smartphones geeignet. *essentials:* Wissensbausteine aus den Wirtschafts, Sozial- und Geisteswissenschaften, aus Technik und Naturwissenschaften sowie aus Medizin, Psychologie und Gesundheitsberufen. Von renommierten Autoren aller Springer-Verlagsmarken.

Weitere Bände in der Reihe http://www.springer.com/series/13088

Doris Brenner

Dual Career Service

Ein innovatives Instrument
zur Personalrekrutierung und
Mitarbeiterbindung

Unter Mitarbeit von Karin Brenner

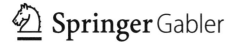 Springer Gabler

Doris Brenner
Personalentwicklung-Training-Coaching
Rödermark, Hessen, Deutschland

ISSN 2197-6708   ISSN 2197-6716   (electronic)
essentials
ISBN 978-3-658-25503-9   ISBN 978-3-658-25504-6   (eBook)
https://doi.org/10.1007/978-3-658-25504-6

Die Deutsche Nationalbibliothek verzeichnet diese Publikation in der Deutschen Nationalbibliografie; detaillierte bibliografische Daten sind im Internet über http://dnb.d-nb.de abrufbar.

Springer Gabler ist ein Imprint der eingetragenen Gesellschaft Springer Fachmedien Wiesbaden GmbH und ist ein Teil von Springer Nature
Die Anschrift der Gesellschaft ist: Abraham-Lincoln-Str. 46, 65189 Wiesbaden, Germany

Was Sie in diesem *essential* finden können

- Warum das Thema Dual Career Service für Arbeitgeber wichtig ist
- Wie Sie Ihre Arbeitgeberattraktivität bei der Zielgruppe der Dual Career Paare erhöhen
- Welche Maßnahmen sinnvoll sind
- Wie Sie einen Dual Career Service einführen und umsetzen
- Wie Sie sich regional vernetzen können

Vorwort[1]

Unternehmen können ihren Bedarf an hoch qualifizierten Nachwuchskräften nur schwer decken. Es gilt darum Instrumente im Rahmen der Personalrekrutierung und Mitarbeiterbindung zu entwickeln, mit denen Sie als Arbeitgeber Ihre Attraktivität gerade bei dieser Zielgruppe steigern können.

Häufig ist bei diesen Kandidaten die Konstellation gegeben, dass sie sich in Beziehungen mit Lebenspartnern befinden, die ebenfalls hoch qualifiziert und beruflich ambitioniert sind. Man spricht in diesem Fall von sogenannten Dual Career Paaren.

Der Wunsch, die private Beziehung und die jeweiligen beruflichen Wünsche in Einklang zu bringen, stellt ein zentrales Kriterium bei der Karriereplanung dieser Paare dar. Daher haben unterstützende Angeboten seitens der Arbeitgeber eine hohe Relevanz für die Zielgruppe.

Mit diesem *essential* wird Ihnen als Personalverantwortlicher oder Führungskraft im Fachbereich die Möglichkeit geboten, sich das Thema Dual Career Service zu erschließen und konkrete Ansatzpunkte und Anregungen für die Einführung eines solchen Angebots zu erhalten.

Doris Brenner

---

[1]Anmerkung: Aus Gründen der leichteren Lesbarkeit haben wir uns entschieden, ausschließlich die männliche Anrede zu wählen. Dieser Publikation richtet sich selbstverständlich in gleicher Weise an Leserinnen und Leser.

Inhaltsverzeichnis

Über die Autorin

Doris Brenner
Personalentwicklung-Training-Coaching
info@karriereabc.de
www.karriereabc.de

Warum das Thema Dual Career Service wichtig ist

Sie suchen händeringend qualifizierte Mitarbeiter. Damit sind Sie nicht alleine. Aufgrund des großen Bedarfs an Fach- und Führungskräften auf dem Arbeitsmarkt, stellt die Gewinnung und Bindung von Mitarbeitern einen entscheidenden Erfolgsfaktor dar. Sie werden sich als attraktiver Arbeitgeber am Markt nur behaupten können, wenn Sie die Wünsche und Bedürfnisse der Zielgruppe kennen und diese mit entsprechenden Angeboten adressieren. Woran Bewerber und Mitarbeiter ihre Präferenz für einen Arbeitgeber messen, hat sich im Zeitverlauf deutlich verändert. Standen in der Vergangenheit Status bezogene und materielle Vergütungskomponenten im Vordergrund, wird heute deutlich mehr Wert auf die persönliche Lebensqualität und damit auch die Vereinbarkeit von Berufs- und Privatleben gelegt. Viele Arbeitgeber haben vor diesem Hintergrund bereits entsprechende Maßnahmen ergriffen. Eine höhere Arbeitszeitflexibilität und Betreuungsangebote für Kinder sind mittlerweile vielerorts anzutreffen.

Die mit der Globalisierung verbundenen deutlich erhöhten Anforderungen in Bezug auf Mobilität und Flexibilität führte dazu, dass Arbeitnehmer berufliche Veränderungen und Standortwechsel in ihrer Laufbahn immer häufiger mit einplanen müssen. Dies bedeutete in der Vergangenheit, dass in einer Paarbeziehung ein Partner – in der Regel die Frau – entweder überhaupt nicht berufstätig sein konnte oder zumindest die eigenen beruflichen Ambitionen zuliebe der Karriere des Partners hinten an stellen musste, den eigenen Job aufgab und mitzog. Ein neues Rollenverständnis der Paare und immer häufiger vergleichbare berufliche Qualifikationen und Karriereambitionen beider Partner führen dazu, dass Jobwechsel, insbesondere wenn damit ein Ortswechsel verbunden ist, weit schwieriger werden. Mit den Angeboten im Rahmen eines Dual Career Services bietet

© Springer Fachmedien Wiesbaden GmbH, ein Teil von Springer Nature 2019
D. Brenner, *Dual Career Service*, essentials,
https://doi.org/10.1007/978-3-658-25504-6_1

sich Ihnen als Arbeitgeber die Chance, diesen neuen Herausforderungen mit passgenauen Angeboten zu begegnen und sich im Rahmen des Employer Brandings positiv vom Wettbewerb abzuheben. Indem Sie Paare darin unterstützen ihre individuellen beruflichen Entwicklungen mit der Paarbeziehung in Einklang bringen zu können, erhöhen Sie die Bindung Ihrer Arbeitnehmer an Ihr Unternehmen und tragen zu einer deutlich höheren Arbeitszufriedenheit bei.

1.1 Definition Dual Career Paare

Wenn von Dual Career Paaren die Rede ist, so bezieht sich dies nicht auf alle Paarbeziehungen, bei denen beide Partner einer Berufstätigkeit nachgehen. Dual Career Paare zeichnen sich durch die Tatsache aus, dass beide Partner eine hohe Qualifizierung und Berufsorientierung besitzen und eine eigenständige Berufslaufbahn verfolgen. Sie sind karriereorientiert und wollen ihr Potenzial und ihre Entwicklungsmöglichkeiten nutzen. Damit stellen Sie auf dem Arbeitsmarkt wichtige Leistungsträger dar, die seitens der Unternehmen ganz besonders gefragt sind. Gleichzeitig legen beide Partner hohen Wert auf die Partnerschaft und ein gemeinsames Paar- bzw. Familienleben. Die Tatsache, ob die Beziehung formal durch eine Ehe oder Lebenspartnerschaft begründet ist, steht dabei nicht im Vordergrund. Ein gemeinsamer Wohnsitz ist kein zwingendes Kriterium für Dual Career Paare (s. Abb. 1.1), wobei der Wunsch nach einem gemeinsamen Lebensmittelpunkt in der Mehrheit besteht.

Abb. 1.1 Dual Career Paare

1.2 Herausforderungen und Erwartungen der Zielgruppe

Die Absolventenzahlen belegen, dass der Anteil von Männern und Frauen, die mit einem akademischen Abschluss die Hochschulen verlassen, bei jeweils rund 50 % liegen. Häufig lernen sich Paare bereits an der Hochschule kennen und starten mit gleichen Bildungsvoraussetzungen in das Berufsleben. Auch das Selbstverständnis und ihre Lebensmodelle haben sich bei den heutigen Absolventen und Young Professionals gegenüber ihrer Elterngeneration deutlich verändert. Der Beruf ist nicht allein Grundlage, um den Lebensunterhalt zu bestreiten, sondern Teil der persönlichen Entfaltung. Entscheidend ist, dass dies heute in gleicher Weise für Männer wie Frauen gilt. Dual Career Paare wollen sich mit den klassischen Rollenmodellen früherer Generationen nicht mehr identifizieren, sondern streben gleichberechtigte Partnerschaften an, bei denen beide beides wollen: Berufliche Entwicklung und private Partnerschaft. bzw. Familienleben.

Bereits beim Eintritt in das Berufsleben kommt damit der Frage, wie diese beiden Ziele in Einklang gebracht werden können, eine hohe Bedeutung bei. Die erste Herausforderung besteht darin, dass sich jeder der beiden Partner zunächst für sich über seine beruflichen Ziele klar werden sollte. Das nachfolgende Zieleplanungstool (Abb. 1.2), kann dabei als Orientierung und Leitfaden hilfreich sein.

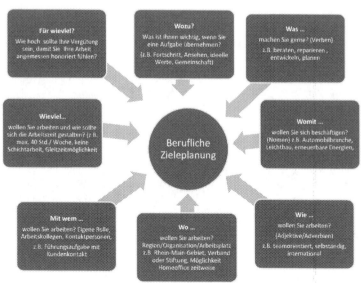

© Doris Brenner Personalentwicklung-Training-Coaching

Abb. 1.2 Berufliche Zieleplanung

Sind die jeweiligen Vorstellungen für beide transparent und sichtbar, stellt dies eine gute Basis dar, um über Gemeinsamkeiten wie auch mögliches Konfliktpotenzial zu sprechen und Lösungsansätze zu entwickeln. In gleicher Weise sollten auch die jeweiligen Vorstellungen, was die private Partnerschaft betrifft, klar kommuniziert werden:

- Welche Vorstellungen bestehen von einer guten Partnerschaft?
- Welche gegenseitigen Erwartungen gibt es?
- In welchem Umfang besteht jeweils Bereitschaft, Aufgaben im Haushalt zu übernehmen?
- Welche Tätigkeiten sollen/können ausgelagert werden?
- Welcher Lebensstandard wird angestrebt? Worüber wird dieser definiert?
- Welchen Freiraum wünscht sich jeder Partner für eigene Hobbys und Zeit für sich?
- Ist eine Fernbeziehung grundsätzlich bzw. für einen bestimmten Zeitraum vorstellbar?
- Besteht grundsätzlich Kinderwunsch? Wie sind die Vorstellungen im Hinblick auf die Übernahme von Erziehungsaufgaben?
- Gibt es regionale Präferenzen, was den Wohnort/Lebensmittelpunkt betrifft?
- Besteht Interesse einige Zeit im Ausland zu leben?

Dies sind nur einige Fragen, die den Dialog anregen und mehr Klarheit für die gemeinsame weitere Ausrichtung bringen können. Diese Überlegungen sind jedoch immer eine Zeitpunktbetrachtung, die ständigen Veränderungen unterliegen. So sollte in regelmäßigen Abständen eine diesbezügliche Standortbestimmung vorgenommen werden, die den jeweiligen aktuellen Gegebenheiten Rechnung trägt. Dual Career Karriereberater können hierbei hilfreich sein, indem Sie als Begleiter den Prozess steuern und beide Partner in der Findung von Lösungsansätzen unterstützen.

Gleichzeitig steigt die Erwartung der Dual Career Paare, dass auch seitens der Arbeitgeber die Vereinbarkeit von beruflicher Entwicklung und privater Partnerschaft unterstützt wird. Die Zielgruppe möchte nicht nur als „Human Capital" wahrgenommen werden, sondern als Mensch mit Bedürfnissen und Wünschen, die über die reine Arbeitsleistung hinausgehen. Diesbezügliche Angebote gewinnen bei der Auswahlentscheidung für einen Arbeitgeber deutlich an Bedeutung. Sie tragen ferner dazu bei, dass Arbeitnehmer eine höhere Bindung zum Arbeitgeber entwickeln und damit dessen Identifikation mit der Organisation steigt.

Unternehmen und ihr Bedarf an qualifizierten Fach- und Führungskräften

2

Digitalisierung und Arbeitswelt 4.0. werden bisweilen auch damit verbunden, dass der Bedarf an Arbeitskräften rückläufig sei. In der Tat wird eine Vielzahl von Aufgaben in der Zukunft nicht mehr von Menschen erledigt werden müssen. Berufsbilder werden auf dem Arbeitsmarkt verschwinden und diese Aufgaben können von lernenden Systemen, sprich künstlicher Intelligenz (KI), deutlich kostengünstiger und schneller erledigt werden. Gleichzeitig entstehen eine Vielzahl neuer Berufe und Aufgabenfelder. Die Anforderungen wandeln sich und aufgrund der hohen Digitalisierung sind „Digital Natives", der Geburtsjahrgänge ab Ende der 1980er Jahre, auch als Generationen Y and Z bezeichnet, besonders gefragt. Der selbstverständliche Umgang mit digitalen Systemen, Offenheit für Veränderung, was sowohl die Aufgaben wie auch die Mobilität betrifft und die Fähigkeit und Bereitschaft sich neuen Anforderungen zu stellen, gewinnen noch stärker an Bedeutung. Gleichzeitig ist eine hohe fachliche Expertise gefragt und, darin sind sich Experten einig, verstärkt kommunikative und soziale Kompetenzen. Da diese umfassenden Qualifikationsprofile nur in begrenzter Zahl am Arbeitsmarkt zur Verfügung stehen, wird sich der diesbezügliche Wettbewerb am Arbeitsmarkt weiter verschärfen. Dies belegt auch eine Studie von McKinsey, nach der im Jahr 2030 rund 5,1 Mio. Arbeitskräfte in Deutschland fehlen werden, davon 2,4 Mio. Akademiker.[1]

---

[1]Mc Kinsey: Studie: Wettbewerbsfaktor Fachkräfte 2011 online.

© Springer Fachmedien Wiesbaden GmbH, ein Teil von Springer Nature 2019
D. Brenner, *Dual Career Service,* essentials,
https://doi.org/10.1007/978-3-658-25504-6_2

2.1   Herausforderungen an Unternehmen bei der Rekrutierung und Bindung von Mitarbeitern

Auch der Rekrutierungsprozess unterliegt einer zunehmenden Standardisierung und Digitalisierung. Dies reduziert auf der einen Seite die Kosten und erhöht die Prozessgeschwindigkeit, gleichzeitig bleibt immer weniger Raum für eine individuelle, persönliche Ansprache von Kandidaten. Neben den unter 2. beschriebenen Anforderungen, wird eine erfolgreiche Rekrutierung und Mitarbeiterbindung mit hoher Passgenauigkeit nur glücken, wenn Kandidat und Unternehmen gemeinsame Wertvorstellungen teilen. Studien belegen[2], dass die Generationen Y und Z als Arbeitnehmer – im Vergleich zu vorherigen Generationen – besonders viel Wert auf emotional ausgerichtete Aspekte legen. Unter dem Schlagwort „New Work" finden sich Begriffe wie flexible Arbeitsbedingungen, selbstständige Tätigkeiten und alternative Karrieremodelle, die neue Arbeits- und Lebensformen ermöglichen. Die Zielgruppe ist leistungsbereit und ehrgeizig, braucht im Gegenzug jedoch überzeugende Argumente und – an diesen ausgerichtet – stringentes Verhalten bei der Umsetzung, um gewonnen zu werden. Hierzu reicht es nicht, wenn unternehmensseitig Führungsgrundsätze und Werte nur schriftlich fixiert werden. Vielmehr geht es darum, dass Kandidaten und Mitarbeiter diese auch im direkten Kontakt und Arbeitsalltag erleben können. Wer z. B. auf seiner Homepage beschreibt, dass Mitarbeiter dem Unternehmen wichtig sind und deren Bedürfnisse ernst genommen werden, gleichzeitig jedoch auf Bewerberanfragen nur mit dem Verweis auf FAQs reagiert und nicht direkt ansprechbar ist, wird wenig überzeugen können. Um ein realistische Bild zu gewinnen, wie Bewerber die Organisation im Rahmen des Rekrutierungsprozesses erleben, kann der Prozess mittels der Candidate Experience analysiert werden. Hierzu werden aus der Perspektive des Kandidaten die verschiedenen Kontaktpunkte betrachtet bzw. die Erfahrungen von Kandidaten konkret erfragt.

Zentrale Kontaktpunkte können sein:

- Informationsbeschaffung über die Organisation und mögliche Stellen z. B. Homepage, soziale Netzwerke und Portale, Rekrutierungsmessen
- Erstellung der Bewerbung im Bewerberportal
- die Einzelelemente des Auswahlverfahrens wie z. B. Online-Assessment, Telefon- bzw. Videointerview, Assessment-Center, Vorstellungsgespräch,
- Vertragsverhandlung und -abschluss,
- Eintritt in die Organisation.

---

[2]Statistisches Landesamt Baden-Württemberg (2012).

Für eine erfolgreiche Rekrutierung und Mitarbeiterbindung wird insbesondere wichtig sein, dass Arbeitgeber sich mit den sich verändernden Erwartungen und Bedürfnissen potenzieller Mitarbeiter auseinander setzen. Gerade für die begehrte Zielgruppe der Young Professionals, also Kandidaten mit erster Berufserfahrung zwischen Ende 20 und Mitte 30, gilt es neue Ansätze zu entwickeln. Diese Zielgruppe befindet sich in der sogenannten „Rush-Hour des Lebens", hier fallen wichtige Karriereschritte mit wichtigen Entscheidungen im Privatleben – Wahl des Lebenspartners und mögliche Familiengründung – zeitlich zusammen. Eine ausgewogene Balance zwischen Arbeit und Freizeit und insbesondere bei Dual Career Paaren die Vereinbarkeit von beruflicher Entwicklung und Partnerschaft, stehen dabei ganz oben auf der Werteskala und setzen sich bei dieser Zielgruppe auch im weiteren Lebensverlauf fort. Wenn entsprechende Unterstützungsangebote seitens der Unternehmen gemacht werden, so ist dies nicht nur förderlich im Rahmen der Rekrutierung, sondern dient in gleicher Weise auch der Mitarbeiterbindung.

2.2 Die Bedeutung des Employer Brandings

Unter dem Begriff des Employer Brandings werden alle strategischen Maßnahmen zusammengefasst, die dazu dienen, ein positives Arbeitgeberimage zu schaffen. Es gilt eine Arbeitgebermarke zu entwickeln, die sich ähnlich einer Produktmarke von der Masse abhebt und mit der positive Assoziationen verbunden werden.

Die Bemühungen im Zusammenhang mit dem gezielten Aufbau eines positiven Arbeitgeberimages gewannen an Bedeutung, als ein deutlicher Wechsel von einem Arbeitgeber- zu einem Bewerbermarkt stattfand. Heute erleben wir in weiten Teilen des Arbeitsmarktes, dass Unternehmen ihren Bedarf an Fach- und Führungskräften nicht in ausreichender Zahl decken können. Im Wettbewerb um die „Right Potentials", also die passgenauen Mitarbeiter, stehen sie in massiver Konkurrenz mit anderen Arbeitgebern. Unternehmen müssen sich zunehmend bei Kandidaten „bewerben" und sich als attraktiver Arbeitgeber präsentieren. Es gilt mittels eines klar erkennbaren Arbeitgeberprofils die Werte, für die das Unternehmen steht, herauszuarbeiten und daraus abgeleitet Maßnahmen zu entwickeln, mit denen diese Werte im Arbeitsalltag gelebt und wahrgenommen werden können.

Für die Entwicklung eines Employer Brandings sollten daher zunächst die nachfolgenden Fragen bearbeitet werden:

Checkliste:

- Was zeichnet Sie als Arbeitgeber aus?
- Für welche Werte steht Ihr Unternehmen?
- Werden diese Werte auch gelebt?
- Wie zeigt sich, dass die Unternehmenswerte im Arbeitsalltag gelebt werden?
- Warum sollte sich ein Bewerber für Ihr Unternehmen entscheiden?
- Warum sollte sich ein Mitarbeiter mit Ihrem Unternehmen identifizieren und sich längerfristig an das Unternehmen binden?

Ein selbstkritischer Blick darauf, wie sich die tatsächliche Ist-Situation des Unternehmens darstellt, ist dabei sehr zu empfehlen. Es kann fatale Folgen haben, wenn blauäugig ein Wunschbild als Realität angenommen wird, das nicht authentisch ist und in der Wirklichkeit so nicht existiert. Auf einer solchen „Mogelpackung" lässt sich keine solide Arbeitgebermarke aufbauen, die auch den Realitäts-Check bestehen kann. Hierzu können die in Abschn. 2.1. beschriebene Candidate Experience, Mitarbeiterbefragungen sowie Exit-Interviews, die beim Austritt von Mitarbeitern geführt werden, wichtige Erkenntnisse liefern.

Im nächsten Schritt geht es darum, gezielte Maßnahmen zu entwickeln, die für die Arbeitgebermarke stehen und diese erlebbar machen. Die Maßnahmen sollten sich an der jeweiligen Zielgruppe orientieren. Daher ist von zentraler Bedeutung, deren Erwartungen und Bedürfnisse zu kennen. Die Maßnahmen sollten sich als stimmiges Ganzes darstellen, hier wird oft der Begriff des „Storytellings" verwendet. Dabei kommt dem Aspekt, dass die Adressaten nicht nur über Fakten sondern auch emotional angesprochen werden sollten, eine hohe Bedeutung bei. Schließlich gilt es für die jeweiligen Zielgruppen geeignete Kommunikationswege und -formen zu wählen, um das Employer Branding (s. Abb. 2.1) auch zielgerichtet zu platzieren und damit sichtbar zu machen. Es sollte ein Augenmerk darauf gelegt werden, dass internes wie externes Employer Branding stimmig sind. So können auch die eigenen Mitarbeiter als authentische Botschafter der Arbeitgebermarke nach außen wirken.

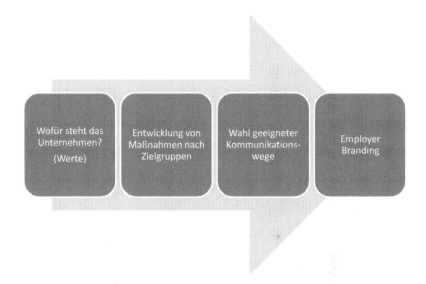

Abb. 2.1 Employer Branding

2.3 Spektrum der Maßnahmen zur Steigerung der Arbeitgeberattraktivität

Es besteht ein breites Spektrum an Maßnahmen, die zur Steigerung der Arbeitgeberattraktivität entwickelt und eingesetzt werde können. Diese lassen sich in eher „harte", also materiell ausgerichtete bzw. „weiche" eher emotional ausgerichtete Anreize einteilen. Grafik 2.2 zeigt einige Beispiele auf.

Welche Maßnahmen für ein Unternehmen in Betracht kommen, sollte in der gesamtheitlichen Betrachtung von Arbeitgebermarke und Erwartungen und Wünschen der Zielgruppe festgelegt werden. Was für einen potenziellen neuen Mitarbeiter ein Unternehmen attraktiv macht, kann sehr unterschiedlich sein. Wenn die Attraktivität als Arbeitgeber bei der sehr beehrten Zielgruppe der jüngeren Fach- und Führungskräfte erhöht werden soll, sollte verstärkt auf weiche und emotional belegte Maßnahmen der Fokus gelegt werden. Wenn sich Bewerber und Mitarbeiter individuell wahrgenommen und wertgeschätzt fühlen

Abb. 2.2 Anreizfaktoren

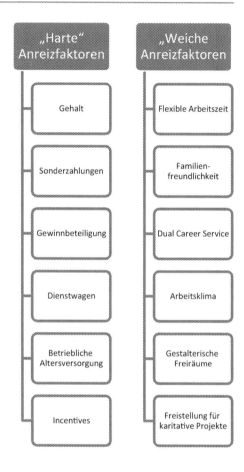

wollen, so ist damit auch verbunden, dass sie Einfluss auf Anreizfaktoren nehmen können. Zunehmend setzt sich daher der Ansatz durch, statt fest definierter „Standard-Leistungen" ein Angebot im „Cafeteria-System" zu gestalten, bei dem der Einzelne nach seinen spezifischen Bedürfnissen aus einer Angebotspalette, die für sich passenden Leistungen wählen kann. Das Firmen-Leasing-Fahrrad kann damit ebenso im Angebot stehen, wie das Jobticket, die ad hoc Kinderbetreuung bei Krankheit, der Yogakurs, die Möglichkeit eines 6-monatigen Sabbaticals oder die Unterstützung des Partners bei der Jobsuche, wenn ein beruflich bedingter Ortswechsel ansteht. Während bisweilen immer wieder das Argument genannt wird, dass Großkonzerne deutlich bessere Möglichkeiten besitzen, um

Ihre Arbeitgeberattraktivität zu steigern, bieten sich hier gerade für Klein- und Mittelständische Unternehmen große Chancen. Sie können wesentlich flexibler und unbürokratischer auf die Bedürfnisse und Wünsche von Bewerbern und Mitarbeitern eingehen. Denn oft – so zeigt die Praxis – kann mit geringem Aufwand eine hohe Wirkung sprich Zufriedenheit des Bewerbers oder Mitarbeiters erreicht werden. Entscheidend ist, dass ein echter Bedarf befriedigt wird. Um es bildlich auszudrücken: Der Köder muss in erster Linie dem Fisch und nicht dem Angler schmecken. Unternehmen, die mit dieser Grundhaltung das Thema Arbeitgeberattraktivität angehen, werden sich positiv am Markt abheben können.

Dual Career Service – ein Angebot im Trend

Für Dual Career Paare hat die Vereinbarkeit von beruflicher Entwicklung und privater Partnerschaft eine sehr hohe Priorität. Es geht ihnen darum, tragfähige Lösungen zu finden, um dieses Lebenskonzept auch in der Realität umsetzten zu können. Damit ist es elementarer Bestandteil der persönlichen Zufriedenheit. Fernbeziehungen, bei denen nur z. B. am Wochenende gemeinsame Zeit verbracht werden kann, werden zwar für einen Überbrückungszeitraum häufig in Kauf genommen, jedoch in der Mehrzahl nicht als Dauerlösung angesehen und akzeptiert. Ein gemeinsamer Lebensmittelpunkt trägt zur Stabilität der Beziehung bei und ist für die Mehrzahl der Dual Career Paare Teil des gemeinsamen Verständnisses einer tragfähigen und glücklichen Partnerschaft.

Die Rahmenbedingungen auf dem Arbeitsmarkt sind hierfür zunächst nicht förderlich. In einer globalen Welt sind Mobilität und Flexibilität zwingend notwendig. Auch Unternehmen können an dieser Tatsache zunächst nichts ändern. Was sie jedoch tun können, sind Unterstützungsangebote zu entwickeln, die es Dual Career Paaren erleichtern, den gestellten Anforderungen gerecht zu werden und gleichzeitig ihr Lebensmodell einer gleichberechtigten Partnerschaft zu leben.

©Doris Brenner Personalentwicklung-Training-Coaching

© Springer Fachmedien Wiesbaden GmbH, ein Teil von Springer Nature 2019
D. Brenner, *Dual Career Service,* essentials,
https://doi.org/10.1007/978-3-658-25504-6_3

Mit diesen Angeboten erhöhen die Unternehmen nicht nur ihre Attraktivität als Arbeitgeber. Sie schaffen vielmehr auch die Voraussetzung, dass beide hoch qualifizierten und motivierten Fach- und Führungskräfte dem Arbeitsmarkt langfristig zur Verfügung stehen. In der Vergangenheit ermöglichten Frauen häufig die berufliche Entwicklung und Mobilität des Mannes, indem sie ihre Karriere aufgaben oder einschränkten. Durch professionelle Dual Career Angebote können auch mehr Männer dazu bewogen werden, ihrer Partnerin zu folgen. So kann Dual Career Förderung entscheidend dazu beitragen, den Anteil von Frauen in Spitzenpositionen zu erhöhen. Dual Career Service ist damit nicht nur ein innovatives Instrument zur Unterstützung der Personalrekrutierung und -bindung. Auch aus volkswirtschaftlicher Perspektive besteht vor dem Hintergrund des weiter steigenden Bedarfs an qualifizierten Arbeitskräften daher eine dringende Notwendigkeit, dieses Potenzial beider Dual Career Partner auszuschöpfen.

3.1 Definition Dual Career Service

Unter Dual Career Service werden alle Angebote seitens eines Arbeitgebers verstanden, die dazu beitragen, Dual Career Paaren die Vereinbarkeit von beruflicher Entwicklung und privater Partnerschaft zu erleichtern. Dies setzt voraus, dass Arbeitgeber in ihren Werten, das Modell der Doppelkarrieren als realistische und positiv belegte Möglichkeit für ihre Mitarbeiter definieren und unterstützen. Eine solche Dual Career freundliche Kultur muss gelebt und auf allen Hierarchieebenen – insbesondere im Top-Management – gefördert werden. Die Angebote im Rahmen des Dual Career Services richten sich sowohl direkt an die eigenen Mitarbeiter wie auch deren Partner. Diese Einbeziehung und gezielte Unterstützung der Partner, z. B. bei der Stellensuche, stellt ein zentrales Merkmal des Dual Career Services dar.

Dual Career Services kommen zunächst bei der Rekrutierung neuer Mitarbeiter zum Einsatz. Unternehmen, die Dual Career Förderung anbieten, können bei Bewerbern eine schnellere Bereitschaft feststellen, ein Arbeitsplatzangebot anzunehmen. Nach ihrer Einschätzung konnten teilweise auch Kandidaten gewonnen werden, die das Unternehmen sonst nicht hätte rekrutieren können. Im Rahmen der Mitarbeiterförderung und -bindung tragen Dual Career Maßnahmen dazu bei, dass Distanzbeziehungen vermieden werden können, die Fluktuationsrate sinkt und die firmeninterne Mitarbeitermobilität in Form von Standortwechseln und Auslandsentsendungen gesteigert wird. Insbesondere für Arbeitgeber im ländlichen Raum, die sich oft nicht mit der Konkurrenz in Ballungszentren messen können, bieten Dual Career Service Angebote eine Verbesserung ihrer Wettbewerbsfähigkeit. Hierzu bedarf es insbesondere des Zusammenschlusses mit anderen Arbeitgebern der Region im Rahmen eines Netzwerkes (vgl. hierzu Abschn. 4.4).

Auch wenn Dual Career Services gerade in der Wirtschaft die Attraktivität und Wettbewerbsfähigkeit eines Arbeitgebers deutlich erhöhen und damit direkten Einfluss auf die Auswahlentscheidung für einen Arbeitgeber haben, liegt der Ursprung der Dual Career Services im universitären Bereich. An vielen Hochschulen sind Dual Career Services bereits fest etabliert und auch bundesweit im Dual Career Netzwerk Deutschland (www.DCND.org) organisiert. In diesem akademischen Umfeld wurde damit früh der hohe Stellenwert dieses Angebotes erkannt, da gerade bei dieser Zielgruppe sehr häufig Dual Career Paare anzutreffen sind. In Berufungs- und Bleibeverhandlungen verschaffen sich diejenigen Hochschulen Vorteile, die den Partnern der Wissenschaftler Perspektiven aufzeigen können, berufliche Einstiegsmöglichkeiten eröffnen und den Paaren helfen, Berufs- und Privatleben besser miteinander zu vereinbaren.

3.2 Elemente eines Dual Career Services

Das Angebot im Rahmen des Dual Career Services kann aus sehr unterschiedlichen Einzelkomponenten bestehen. Im Wesentlichen lassen sich diese in die in Abb. 3.1 dargestellten Teilbereiche einteilen:

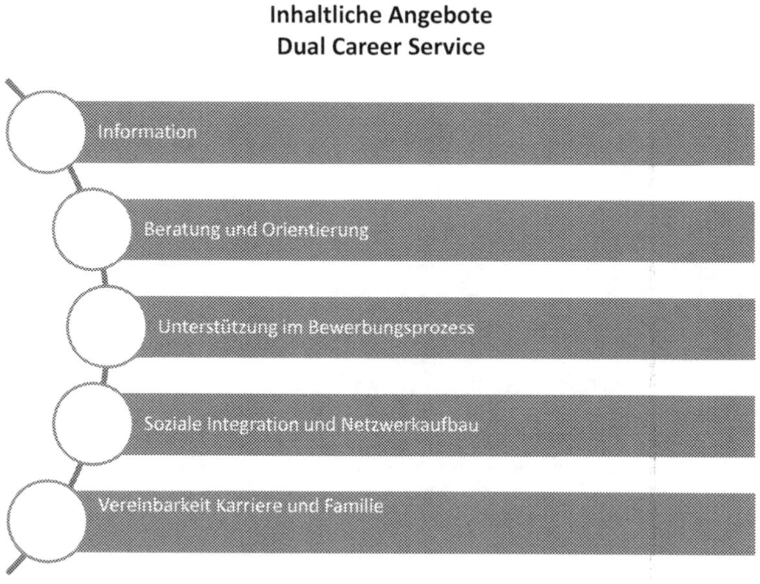

**Inhaltliche Angebote
Dual Career Service**

Information

Beratung und Orientierung

Unterstützung im Bewerbungsprozess

Soziale Integration und Netzwerkaufbau

Vereinbarkeit Karriere und Familie

Abb. 3.1 Elemente Dual Career Service

3.2.1 Information

Um die Angebote im Rahmen eines Dual Career Services sichtbar zu machen, sollten diese sowohl im Unternehmen wie auch in der Öffentlichkeit kommuniziert werden. Nur wenn die Unterstützungsleistungen bekannt sind, können diese wahrgenommen, wertgeschätzt und von der Zielgruppe auch in ihren Entscheidungen berücksichtigt werden. Wichtig dabei ist, dass die Angebote klar beschrieben und für die Adressaten verständlich vermittelt werden. Ferner sollte erläutert werden, wie die Leistungen abgerufen werden können und wer die jeweiligen Ansprechpartner sind. Testimonials von bisherigen Nutzern wie auch Best Practices als Beispiele können die Leistungen weiter veranschaulichen.

Interne Kommunikation
Bei der internen Kommunikation sollten alle Unternehmensebenen einbezogen werden. Ein klares Commitment seitens der Unternehmensleitung ist dabei von zentraler Bedeutung. Das Thema Dual Career Förderung sollte „Chefsache" sein und ein Teil der Unternehmenskultur darstellen.

Insbesondere die HR-Bereiche sowie die Führungskräfte gilt es abzuholen und mit ins Boot zunehmen. Auch Betriebs- bzw. Personalräte, Sozialberatung, Gleichstellungsbeauftragte stellen wichtige Multiplikatoren dar, die die Angebote des Dual Career Services kennen, weitergeben und in ihre Arbeit einbeziehen sollten.

Als Kanäle für die interne Kommunikation bieten sich besonders an:

- Intranet
- Führungskräfte-Meetings und -trainings
- Mitarbeiterforen
- Mitarbeiterzeitschriften
- Interne Newsletter
- Mitarbeiterversammlungen, -events
- Mitarbeitergespräche
- Weiterbildungsveranstaltungen

Externe Kommunikation
Bei der Kommunikation nach außen bieten sich alle Kanäle an, die im Rahmen von Personalmarketingaktivitäten zur Verfügung stehen. Da es sich bei der zentralen Zielgruppe um jüngere Fach- und Führungskräfte handelt, die Soziale Medien intensiv nutzen, sollte diesen eine hohe Bedeutung beigemessen werden. In Abschn. 4.2.2. Umsetzung der Kommunikationsstrategie wird noch näher darauf eingegangen.

Einen wichtigen Multiplikator bei der externen Kommunikation stellen jedoch die eigenen Mitarbeiter dar. Sie können durch Ihre Haltung und Ihre Einschätzung das Image ihres Arbeitgebers nach außen stark prägen und die Arbeitgeberwahl innerhalb ihres sozialen Netzwerkes massiv beeinflussen. Da persönliche Empfehlungen und Erfahrungen eine hohe Verlässlichkeit und Relevanz besitzen, sollten daher die eigenen Mitarbeiter als wichtige „Botschafter" und „Multiplikatoren" verstanden werden.

3.2.2 Beratung und Orientierung

Den ersten inhaltlichen Anknüpfungspunkt der Dual Career Service Angebote bildet in der Regel die Beratung.

Es geht darum, die Ratsuchenden bei der Fragestellung, wie sich die berufliche Entwicklung und die private Partnerschaft/Familie vereinbaren lässt, konkret zu unterstützen. Die Beratung richtet sich dabei stark an der jeweiligen Situation und Fragestellung aus.

Rekrutierung mit Standortwechsel
Im Zusammenhang mit der Rekrutierung neuer Mitarbeiter stellt sich am häufigsten die Frage, wie der Partner bei einem Standortwechsel seine berufliche Karriere sinnvoll fortführen kann.

Zunächst stellt die Tatsache, dass der Arbeitgeber hier auch Beratungs- und Unterstützungsangebote für den Partner bereithält, ein wichtiges Signal dar. Es macht einen Unterschied, ob im Zusammenhang mit einem geplanten Arbeitgeberwechsel ein Partner vom Vorstellungsgespräch nach Hause kommt und nur von einem tollen Jobangebot am neuen Standort B redet oder dabei gleich mit erwähnt, dass der potenzielle Arbeitgeber auch ganz konkret die Unterstützung des anderen Partners bei der beruflichen Neuorientierung beim Standortwechsel mit anbietet. Daher ist es sinnvoll, bereits mit dem Jobangebot an den Kandidaten auch das Angebot eines Beratungsgespräches für den Partner bzw. ein gemeinsames Beratungsgespräch zu unterbreiten.

Das Beratungsgespräch orientiert sich an den jeweiligen Bedürfnissen der Ratsuchenden. Grundsätzlich sollte zunächst das Bewusstsein vermittelt werden, dass dem Arbeitgeber die Dual Career Problematik bewusst ist und diese nicht als rein privates Thema gesehen wird. Diese Haltung stellt eine wichtige vertrauensbildende Maßnahme dar, die den weiteren Beratungsprozess unterstützt.

Mitarbeiterbindung und Auslandsentsendung
Aufgrund der immer stärker ausgeprägten Mobilitätsanforderungen, stehen Dual Career Paare sehr häufig vor der Herausforderung eines Standortwechsels bzw. einer Auslandsentsendung beim bisherigen Arbeitgeber. Aus der Perspektive des Arbeitgebers ist die Zielgruppe der Dual Career Paare besonders wichtig, da es sich bei den Kandidaten in der Regel um Potenzialträger handelt, die für den Arbeitgeber aufgrund Ihrer Erfahrung und ihrer Kenntnisse längerfristig gewunden werden sollten.

Abb. 3.2 zeigt einige zentrale Themenfelder, die häufig Gegenstand der Beratung sind.

Standortbestimmung: Hier geht es darum, die aktuelle Situation des Dual Career Paares zu beleuchten. Wie wird die Situation mit der durch die berufliche Veränderung des einen Partners verursachten neuen Rahmenbedingungen von beiden Partnern wahrgenommen? Eine SWOT Analyse mit Benennung der Vorteile/Nachteile/Chancen/Risiken, die mit der Veränderung verbunden sind, kann an dieser Stelle hilfreich sein, um Transparenz zu schaffen und alle anstehenden Themen offen zu legen (s. Grafik 3.3).

Die Erfahrung zeigt, dass insbesondere die nicht offen adressierten emotional vorhandenen Themen oft die Ursache für Probleme oder sogar ein Scheitern darstellen. Daher ist es wichtig, alle Aspekte offen anzusprechen und keine Bedenken einfach unter den Teppich zu kehren. Dies veranschaulicht auch die Abb. 3.4 des Eisbergmodells, nachdem 6/7 dessen, was an Themen im Raum steht, sich nicht auf der Sachebene bewegt, sondern sich verdeckt unter der Wasseroberfläche befindet.

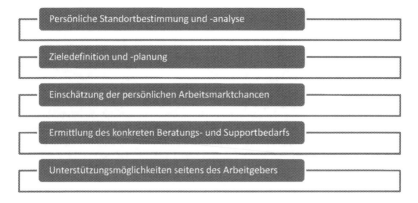

Abb. 3.2 Themenfelder der Beratung

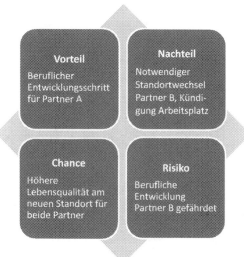

Abb. 3.3   Beispiel SWOT Analyse

Abb. 3.4   Eisbergmodell

Beide Partner sollten im Rahmen der Standortbestimmung eine klare Vorstellung haben, wie sich die aktuelle Situation mit dem geplanten Jobwechsel eines Partners aus der Sicht beider Partner darstellt und welche Themen angegangen werden können.

Zieledefinition und -planung
Welche Ziele verfolgt das Paar? Hier ist es hilfreich, wenn das Dual Career Paar bereits die in Abschn. 1.2. beschriebene Zieleplanung für sich durchgeführt hat. Ansonsten kann diese auch Gegenstand der Beratung sein. Auf dieser Grundlage lässt sich der Unterstützungsbedarf, der im Zusammenhang mit dem Jobwechsel eines Partners für den anderen Partner besteht, klar definieren.

Einschätzung der persönlichen Arbeitsmarktchancen
In dieser ersten Phase kann eine grundsätzliche Analyse der Arbeitsmarktchancen des Partners am neuen Standort vorgenommen werden. Diese gründet auf der Zieledefinition sowie den Kenntnissen des regionalen Arbeitsmarktes seitens des Beraters. Sie dient zum einen dazu Ansatzpunkte und Möglichkeiten aufzuzeigen, gleichzeitig kann sie auch zu einer realistischen Einschätzung der Arbeitsmarktchancen beitragen.

Ermittlung des Supportbedarfs
Hier geht es um die Erstellung einer Roadmap, welche Leistungen seitens des Dual Career Paares benötigt werden, um am neuen Standort möglichst schnell Fuß fassen zu können.

Nachfolgend einige Fragestellungen, die in der Praxis häufig Gegenstand der Gespräche sind:

- Ist Hilfe bei der Wohnungssuche notwendig?
- Wird konkrete Unterstützung bei der Stellensuche benötigt?
- Müssen z. B. Zeugnisse übersetzt bzw. anerkannt werden?
- Besteht Bedarf nach Sprachtraining?
- Sind neue Schulen/Kinderbetreuungseinrichtungen für Kinder zu suchen?
- Wird ein interkulturelles Training benötigt?
- Wird Hilfe beim Aufbau eines beruflichen Netzwerkes des Partners benötigt?

3.2.3 Unterstützung im Bewerbungsprozess

Ein zentrales Element im Rahmen des Dual Career Services ist die Unterstützung des Partners bei seiner beruflichen Neupositionierung am neuen Standort. Dabei

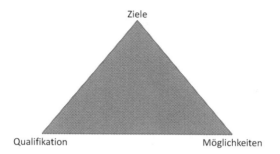

Ziele

Qualifikation   Möglichkeiten

Abb. 3.5 Standortbestimmung

sollte es sich um eine professionelle Karriereberatung handeln, die die Chance auf eine erfolgreiche berufliche Neupositionierung deutlich erhöht. Der erste Schritt hierzu ist eine realistische berufliche Standortbestimmung (s. Abb. 3.5). Die drei zentralen Bereiche sind:

- Die Qualifikation
- Die Ziele
- Die beruflichen Möglichkeiten

Eine wichtige Aufgabe nimmt die Bestandsaufnahme der Qualifikation in Form eines Qualifikationsprofils ein. Dieses umfasst alle Kompetenzen und Fähigkeiten, die der Stellensuchende zur Verfügung hat.

Fachkompetenz:
Hier sind Wissen und Kenntnisse gefragt. Diese werden über Studium, Weiterbildungen und in der Berufspraxis erworben. Fachkompetenz kann jedoch auch über Hobbys, Ehrenamt oder Nebentätigkeiten erlangt werden.

Methodenkompetenz:
Die Herangehensweise bei der Lösung von Aufgaben steht dabei im Mittelpunkt. Methodenkompetenz stellt eine Werkzeugbox dar, die sich themenunabhängig anwenden lässt. Projektmanagement, Präsentationstechniken, Bewertungsverfahren oder Entscheidungsfindungs- bzw. Qualitätssicherungstechniken sind hier zu nennen.

Soziale Kompetenz:
Dabei geht es um den situationsgerechten Umgang mit unterschiedlichen Menschen. Bedürfnisse anderer Menschen zu erkennen, vermittelnd bei Meinungsverschiedenheiten zu agieren, zu einem positiven Arbeitsklima beitragen und sich in ein Team integrieren wie auch den eigenen Standpunkte adäquat zu vertreten sind wichtige Aspekte dieser Kompetenz.

Führungskompetenz:
Sie ist eng mit der sozialen Kompetenz verbunden erfordert jedoch zusätzlich eine klare Zielorientierung sowie die Fähigkeit Potenziale bei Menschen zu erkennen und die passenden Teams zusammenzustellen.

Interkulturelle Kompetenz:
Wer sich in unterschiedlichen Kulturen schnell zurechtfinden kann und verschiedene Sprachen spricht, ist gut gerüstet für die Arbeit in einer immer globaler werdenden Welt. Insbesondere bei Auslandsentsendungen spielt diese Kompetenz eine wichtige Rolle.

Interdisziplinäre Kompetenz:
Die Fähigkeit mit Menschen unterschiedlicher Fachgebiete zusammenarbeiten zu können und offen zu sein für deren spezifische Prioritäten und Herangehensweisen, ist in der komplexen Arbeitswelt ständig gefordert.

Erfahrung
Mittels Erfahrung lässt sich belegen, dass bestimmte Kompetenzen und Fähigkeiten nicht nur theoretisch vorhanden sind sondern diese auch in der Praxis zielgerichtet zur Erreichung von Zielen bereits eingesetzt werden konnten.

Persönlichkeit
Die Wesenszüge eines Menschen stellen einen entscheidenden Faktor im Zusammenhang mit der Netzwerkarbeit dar. Hilfsbereitschaft, Toleranz, Begeisterungsfähigkeit oder auch Verantwortungsbereitschaft sind nur einige Beispiele, die in einem Netzwerk gefragt sind.

Kontakte und Netzwerke
Bereits vorhandene Kontakte und Netzwerke stellen ebenso ein Element des Qualifikationsprofils (s. Abb. 3.6) dar. Wer über ein gutes fachliches Netzwerk

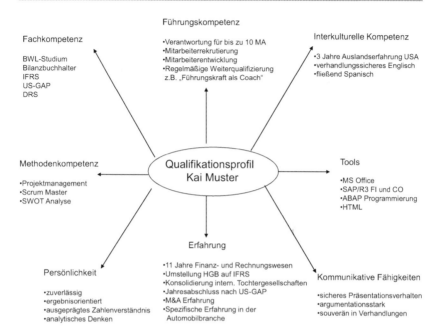

Abb. 3.6 Qualifikationsprofil Muster

verfügt, kann bei der Aufgabenbewältigung auf einen reichen Fundus an zusätzlicher Expertise zurückgreifen. Ferner ist gerade in vertriebsnahen Tätigkeiten der Kontakt zu potenziellen Kunden von zentraler Bedeutung und bisweilen ein zentrales Auswahlkriterium bei der Besetzung von Stellen.

Im nächsten Schritt gilt es die Qualifikationen anhand von Beispielen zu belegen. Die Beispiele sollten anschaulich sein und sich konkret auf einzelne Situationen beziehen. Unter dem Aspekt der Risikoreduzierung bei der Personalauswahl, würden Arbeitgeber am liebsten eine reale Arbeitserfahrung (Praktikum, …) mit dem Bewerber als Entscheidungsgrundlage heranziehen. Da diese in der Regel nicht vorhanden ist, kann über konkrete Beispiele aus der Vergangenheit dem Arbeitgeber die Möglichkeit geboten werden, einen realistischen Einblick in die Verhaltensweisen eines Kandidaten zu bekommen.

Das nachfolgende Muster kann bei der Beschreibung der Beispiele helfen:

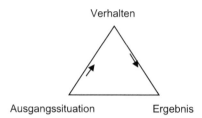

Bei der Verhaltensbeschreibung sind Formulierungen wie: „man sollte", „generell" oder „normalerweise" nicht passend, da sie den Fokus nicht auf eine konkrete Situation legen.

Es ist vorteilhaft Beispiele aus unterschiedlichen Lebensbereichen zu wählen. Indem sowohl aus dem beruflichen, privaten und ehrenamtlichen Bereich Szenarien aufgegriffen werden, wird deutlich, dass ein Kandidat breit aufgestellt ist und in unterschiedlichen Lebenslagen überzeugen kann.

Beispiele können sowohl im Anschreiben wie auch im Vorstellungsgespräch eingesetzt werden. Relativierungen wie „eigentlich", „ein bisschen", „vielleicht", „im Grunde" gilt es zu vermeiden. Diese schwächen die Argumentation und Überzeugungskraft.

Das Qualifikationsprofil stellt die Grundlage für eine überzeugende Selbstpräsentation der eigenen Fähigkeiten dar. Daher sollte der Partner darin unterstützt werden, diese für sich zu erstellen.

Schließlich wird die Standortbestimmung durch eine Analyse der beruflichen Möglichkeiten in der neuen Region abgerundet. Dabei geht es sowohl darum, potenzielle Arbeitsfelder und Branchen wie auch mögliche Arbeitgeber zu identifizieren. Sofern im eigenen Unternehmen Ansatzpunkte bestehen, sollten diese konkret ermittelt werden. Darüber hinaus gilt es den Partner darin zu unterstützen, sich den regionalen Arbeitsmarkt zu erschließen. Sofern es Dual Career Kooperationen mit anderen Unternehmen der Region gibt, sind diese im Hinblick auf die Passgenauigkeit zu prüfen.

Auf der Basis der Standortbestimmung gilt es eine zielgerichtete Bewerbungsstrategie zu entwickeln. Ein wichtiger Aspekt stellt dabei der Perspektivwechsel für den Partner dar, in dem aus dem Blickwinkel eines Arbeitgebers der Rekrutierungsprozess beleuchtet wird. Dieser bevorzugt Wege, die sein Risiko einer Fehlbesetzung reduzieren. Sofern nicht bereits Kandidaten vorhanden sind, mit denen reale Arbeitserfahrung bereits besteht, werden Kontakte, sprich

Rekrutierungswege

Abb. 3.7 Rekrutierungswege

Empfehlungen genutzt. Ferner werden Personalberater oder Dienstleister heran-gezogen, um zum einen den Aufwand der Stellenbesetzung zu reduzieren und durch ein Vorscreening der Kandidaten seitens des Beraters eine weitere Filter-funktion zu haben. Verstärkt werden Kandidaten im Rahmen des „Active Sour-cings" auch über Direktansprache in beruflichen sozialen Netzwerken wie LinkedIn und XING von den Beratern identifiziert (s. Abb. 3.7).

Es sollte dem Partner bewusst werden, dass ein großer Teil der Stellen nicht über den offenen Markt, sprich über eine klassische Bewerbung, sondern über den verdeckten Stellenmarkt besetzt werden. Daher gilt es insbesondere mit ihm über Kontaktmöglichkeiten zu Arbeitgebern zu sprechen und ihm Ansprech-partner bei Personalberatern und Dienstleistern zu vermitteln. Sofern seitens des Unternehmens Kooperationen und Kontaktmöglichkeiten im Rahmen eines Netz-werkes bestehen, sollten diese dem Partner zur Verfügung gestellt bzw. der Kon-takt hergestellt werden (s. Abb. 3.8).

Für die Umsetzung der Bewerbungsstrategie ist es hilfreich, wenn der Partner eine begleitende Unterstützung in Form eines Coachings erhält. Der Coach sollte über entsprechende Erfahrung verfügen und mit dem regionalen Arbeitsmarkt vertraut sein.

Kontakt zu Arbeitgebern

Abb. 3.8   Kontakt zu Arbeitgebern

Im nächsten Schritt gilt es die beruflichen Ziele, die im Rahmen der Beratung schon erarbeitet wurden (siehe Abschn. 3.2.2) auf die konkrete Situation hin zu konkretisieren.
Wichtige inhaltliche Aspekte dabei sind:

- Bereitstellung von Informationsmaterialien (Institutionen [IHK, Berufsverbände, Netzwerke…], Unternehmen, Ansprechpartner, …)
- Unterstützung bei der Erstellung von aussagefähigen Bewerbungsunterlagen
- Erarbeitung eines aussagefähigen Profils in den beruflichen sozialen Netzwerken
- Identifikation passender Stellen
- Vorbereitung auf Vorstellungsgespräche
- Ermittlung eines realistischen Marktwertes
- Vorbereitung von Vertragsverhandlungen

3.2.4   Soziale Integration und Netzwerkaufbau

Neben der beruflichen Neupositionierung, stellt die soziale Integration am neuen Standort einen wichtigen Faktor für den Erfolg dar. Hier sollten sowohl für den Mitarbeiter im Unternehmen wie auch dessen Partner Angebote gemacht werden.
Innerhalb des Unternehmens sollten im Rahmen des Onboardings, also dem systematischen Eingliederungsprozess, Anknüpfungspunkte für die soziale

Integration, feste Bestandteile sein. Die Benennung eines Paten oder Mentors, der in der Anfangsphase zur Verfügung steht, hat sich dabei als besonders hilfreich erwiesen. Ferner ist eine gezielte Förderung von Peer Groups neuer Mitarbeiter wie auch soziale Events im Unternehmen für gemeinsame Aktivitäten mit Kollegen hilfreich.

Für den Partner bieten sich insbesondere berufliche Netzwerke und entsprechende Veranstaltungen am neuen Standort an. Beispielhaft können hier die Wirtschaftsjunioren unter dem Dach der Industrie- und Handelskammern (www.wjd.de) genannt werden wie auch Regionalkreise von Berufsverbänden. Häufig bieten auch die Wirtschaftsförderungen der Region entsprechende Möglichkeiten, um leichter Zugang zu Arbeitskreisen und Institutionen zu bekommen. Im Ausland stellen die Außenhandelskammern oder auch die Botschaften eine gute Anlaufstation und einen Navigator dar, um Zugang zu passenden Netzwerkkreisen zu erhalten. Dabei sollten alle Angebote als Unterstützung für die eigenen Bemühungen verstanden werden. Je aktiver der Partner selbst ist, umso schneller lässt sich hier ein tragfähiges Netzwerk aufbauen, das auch den Interessen und Bedürfnissen entspricht.

Um auch in der Freizeit Anschluss zu finden, ist es hilfreich eine Zusammenstellung von Angebotsmöglichkeiten im Umkreis zur Verfügung zu stellen. Unternehmensinterne Freizeitangebote wie Sportkurse oder kulturelle Angebote wie Vorträge, sollten auch dem Partner zugänglich sein.

Sofern eine größere Zahl von neu zugezogenen Dual Career Paaren am Standort sind, empfiehlt es sich, bei Interesse diese gezielt zu vernetzen. Dabei ist es sehr förderlich, wenn auch Dual Career Paare, die schon länger in der Region leben, Teil dieses Netzwerks sind. Dies erleichtert die Integration neuer Paare erheblich.

Der sozialen Integration kann nicht genug Bedeutung beigemessen werden. Diesbezügliche Maßnahmen sind eine gute Investition im Rahmen der Mitarbeiterbindung. Denn wenn sich der Mitarbeiter und der Partner wohl fühlen, bietet dies eine gute Basis für einen längerfristigen Verbleib am Standort und eine hohe Motivation des Mitarbeiters.

3.2.5 Vereinbarkeit Karriere und Familie

Sofern das Dual Career Paar Kinder hat, stellt dies eine zusätzliche Herausforderung für die Vereinbarkeit der beruflichen Entwicklung beider Partner und deren Privatleben dar. Es erfordert zum einen, dass die soziale Integration am neuen Standort auch die Situation der Kinder mit einbezieht. Gerade bei Auslandsentsendungen ist die Wahl des Wohnortes sehr häufig an den Standort einer deutschen bzw. internationalen Schule gekoppelt. Ferner stellt die verlässliche Kinderbetreuung ein zentrales Thema dar, um beiden Partnern die Verfolgung ihrer Berufstätigkeit zu ermöglichen. Diese sollte auch eine Notfallkinderbetreuung mit berücksichtigen. Auch die Nähe zwischen Arbeitsstelle und Wohnort gewinnt zusätzlich an Bedeutung im Zusammenhang mit der Kinderbetreuung.

Insbesondere was die Flexibilität der Arbeitszeiten betrifft, ergeben sich in der Regel bei Dual Career Paaren mit Kindern weitergehende Anforderungen. Hier sollten individuell an den Bedürfnissen der Einzelfälle flexible Lösungen auch unter Einbeziehung von Homeoffice-Zeiten ermöglicht werden.

Mit zunehmendem Alter tragen mehr und mehr Dual Career Paare auch die Verantwortung für pflegebedürftige Angehörige. Gesellschaftlich ist dieses Thema noch nicht so präsent und akzeptiert wie die Betreuung von Kindern. In einer immer älter werdenden Gesellschaft sollten jedoch auch hierfür Unterstützungsangebote gemacht werden. Letztendlich geht es darum, den Dual Career Paaren den Rücken zu stärken und sie dabei zu unterstützen, ihren Lebens- und Arbeitsalltag besser vereinbaren zu können. Schließlich kann nur wer in der Balance lebt, auch seine volle Leistungsfähigkeit entwickeln und damit dauerhaft und nachhaltig in hohe Produktivität erzielen.

3.3 Möglichkeiten und Grenzen – welche Erwartungen können/dürfen geweckt werden?

Die im vorherigen Kapitel beschriebenen Unterstützungsangebote sollten nicht so verstanden werden, dass sich Mitarbeiter in einem „Full Service" bedienen lassen und die Eigenverantwortung für die Umsetzung des Lebenskonzeptes Dual Career an einen Arbeitgeber abgeben. Es geht vielmehr darum, Eigenbemühungen zu unterstützen, effizienter zu gestalten und zusätzliche Impulse zu geben. Dies gilt ganz besonders für die Jobsuche des Partners. Daher sollte bereits zu Beginn klar kommuniziert werden, dass seitens des Arbeitgebers keine Jobvermittlungsgarantie besteht – was nur in den wenigsten Fällen möglich sein wird-. Sofern der Eindruck entsteht, dass seitens des Arbeitgebers eine Stelle geschaffen oder bei einem anderen Arbeitgeber konkret vermittelt wird, kann dies zu massiven Problemen und auch einem Vertrauensverlust führen, wenn dies dann nicht realisiert werden kann. Hilfreich ist es, wenn es bereits „Best Practices" im Unternehmen gibt, anhand derer in der Praxis aufgezeigt werden kann, wie der Dual Career Service aufgestellt und was er zu leisten in der Lage ist.

Ferner sollten auch bei dem Umfang der Maßnahmen realistische Aussagen gemacht werden. Wer mehr verspricht, als er nachher liefert, nimmt viel von dem positiven Ansatz, den der Dual Career Service darstellen kann. Es empfiehlt sich bei Neueinführung eines Dual Career Services zunächst klein zu beginnen und nur einzelne konkrete Maßnahmen anzubieten. In Kap. 4 wird ausführlicher darauf eingegangen.

Ansätze für die praktische Einführung eines Dual Career Services

4

Um einen Dual Career Service einzuführen, bedarf es einer sorgfältigen Planung. Ein Dual Career Angebot ist kein Schnellschuss, sondern sollte langfristig als Teil des Employer Brandings verstanden werden, das sich Schritt für Schritt etabliert und dann von allen Beteiligten im Unternehmen auch gelebt wird. In den nachfolgenden Kapiteln folgen daher praktische Hilfestellungen für die Umsetzung.

4.1 Konzeption und Planung

Für die Konzeption und Planung eines Dual Career Services empfiehlt sich die Einrichtung einer Projektgruppe, die sich aus Mitgliedern unterschiedlicher Bereiche in der Organisation zusammensetzen sollte. In der Regel ist das Thema Dual Career Service im Bereich Human Resources verankert, damit ist der Personalbereich Process Owner. Dies bedeutet nicht, dass die praktische Arbeit ausschließlich durch den Personalbereich erbracht wird. Insbesondere den Fachvorgesetzten kommt eine entscheidende Rolle in der praktischen Umsetzung bei, da die Fachvorgesetzten in der Regel den engsten Kontakt mit ihren Mitarbeitern haben.

Zunächst gilt es seitens des Personalbereiches eine Sensibilisierung für das Thema Dual Career Service in der Organisation zu schaffen. Hierzu können die im ersten Teil dieser Publikation dargestellten Inhalte genutzt werden. Darauf aufbauend sollte ein Strategiepapier erstellt werden, das den Rahmen für

- die Zielsetzung
- die Zielgruppe(n)
- die Einbindung in das Employer Branding Konzept
- das angestrebte Angebotsspektrum

© Springer Fachmedien Wiesbaden GmbH, ein Teil von Springer Nature 2019
D. Brenner, *Dual Career Service,* essentials,
https://doi.org/10.1007/978-3-658-25504-6_4

- die benötigten Ressourcen
- die geplanten Umsetzungsschritte
- den Realisierungszeitraum
- das Budget

beschreibt. Das Strategiepapier sollte mit der Unternehmensleitung diskutiert und von dieser genehmigt werden. Auf dieser Basis kann die Projektgruppe an der weiteren Planung und Realisierung des Dual Career Services arbeiten.

4.1.1 Wer muss im Unternehmen mit ins Boot?

Die Projektgruppe sollte sich aus Mitgliedern des Bereiches Human Resources, dem Betriebs- bzw. Personalrat, der Gleichstellungsbeauftragten, der Sozialberatung und einem Mitglied aus dem Kreis der Führungskräfte aus den Fachbereichen zusammensetzen. Es kann sinnvoll sein, von Anfang an mit der Unterstützung durch einen erfahrenen externen Berater bzw. ein Beratungsunternehmen die Konzeption und Planung des Dual Career Services voran zu bringen.

4.1.2 Was ein externer Berater leisten sollte/kann

In erster Linie sollte der externe Berater inhaltlichen Input für die Umsetzung des Dual Career Services liefern. Sofern im Unternehmen kein spezifisches Knowhow in Sachen Dual Career Service vorhanden ist und auch die Personalkapazitäten begrenzt sind, kann die Einbeziehung eines externen Beraters bereits in der Konzeptions- und Planungsphase das Projekt strukturieren und auch in der Projektorganisation unterstützend tätig werden.

Sicherlich hat es Vorteile, wenn der Berater die Organisation kennt und positive gemeinsame Projekte bereits realisiert wurden. Es sollte jedoch darauf geachtet werden, dass der Berater über einschlägige Erfahrung mit dem Thema Dual Career Service verfügt.

Nachfolgend eine Checkliste für die Auswahl eines Beraters:

Checkliste Berater

- Verfügt der Berater über einschlägige Erfahrung mit dem Thema Dual Career Service?
- Kann der Berater konkret auf Referenzprojekte verweisen?

- Bietet der Berater den Kontakt zu Referenzgebern an?
- Ist der Berater mit den regionalen Arbeitsmarktgegebenheiten vertraut?
- Verfügt der Berater über ausreichende Ressourcen bzw. über ein Netzwerk zu möglichen weiteren Dienstleistern (Trainer und Coaches, Relocation Service, Personalberater, Personaldienstleister, Weiterbildungsträger, Unternehmen der Region…)?
- Kann der Berater beim Aufbau eines regionalen Dual Career Netzwerkes mit anderen Institutionen einen Mehrwert leisten?
- Hat der Berater Erfahrung als Trainer im Hinblick auf die Schulung der Führungskräfte?
- Geht der Berater auf Fragen gezielt ein und zeigt er sich bereit, die spezifischen Anforderungen und Wünsche der Organisation zu berücksichtigen oder bietet er nur ein Standardkonzept an?
- Macht der Berater ein preislich transparentes, marktgerechtes und modulares Angebot?
- Tritt der Berater seriös und kompetent auf, sodass er auch innerhalb der Organisation Akzeptanz finden wird?

Ferner sollte definiert werden, ob der Berater ausschließlich in der Konzeptions- und Einführungsphase tätig werden soll oder auch in der praktischen Umsetzung des Dual Career Services inhaltliche Beratungsleistungen für die Dual Career Paare erbringt. Prinzipiell ist eine Trennung dieser beiden Leistungen denkbar. In der Praxis hat es jedoch Vorteile, wenn hier eine durchgängige Beratungsleistung erfolgt. Ganz gleich, ob bzw. in welchem Umfang ein externer Berater tätig wird, die Verantwortung liegt im Bereich Human Resources. Nur dort kann abschließend beurteilt und entschieden werden, wie sich der Dual Career Service in das Gesamtkonzept des Employer Brandings sinnvoll integrieren lässt.

4.1.3 Zeitlicher Rahmen und Festlegung des Angebotsspektrums

Für die Konzeptions- und Planungsphase sollte ausreichend Zeit vorgesehen werden. Je nach Größe der Organisation kann dies von einigen Wochen bis zu einem Jahr dauern, wenn zahlreiche Abstimmungsprozesse notwendig sind. Nur wenn ein in sich stimmiges Konzept vorliegt, kann dieses auch innerhalb der Organisation und dann auch extern überzeugend positioniert werden. Es empfiehlt sich, insbesondere in größeren Organisationen, die Einführung des Dual Career Services zunächst in einer Pilotphase auszutesten. Hierzu kann z. B. ein bestimmter Unternehmensbereich oder eine spezielle Zielgruppe ausgewählt werden. Ferner kann sich die Pilotphase auch inhaltlich zunächst auf einzelne Angebote begrenzen. Da der Kern der Dual Career Serviceleistungen in der Beratung und der Unterstützung der Partner im Prozess der beruflichen Neupositionierung angesiedelt ist, sollte hier zunächst der Schwerpunkt gelegt werden. Dies kann z. B. bedeuten, dass bei geplanten internen Versetzungen, die mit einem Standortwechsel verbunden sind, dem Dual Career Paar zunächst ein gemeinsames Beratungsgespräch mit einem Dual Career Coach angeboten wird. Sofern der Standortwechsel erfolgt, erhält der Partner eine definierte Anzahl an Beratungsstunden mit einem Karriere-Coach, zur Unterstützung und Begleitung der Neupositionierung am neuen Standort. Die Erfahrungen aus der Pilotphase können dann bei der weiteren Umsetzung und Etablierung des Dual Career Angebotes genutzt werden.

4.2   Umsetzungsphase

Während die Phasen I bis III schwerpunktmäßig die Konzeption und die Etablierung der Projektstruktur betreffen, geht es in den Phasen IV und V um die praktische Umsetzung des Projektes (s. Abb. 4.1). Dies bedeutet, alle an dem Dual Career Service Angebot Beteiligten mit dem Konzept vertraut zu machen und sie auf ihre Aufgaben vorzubereiten. In der Phase IV Kommunikation nach innen,

Dual Career Service: Planung und Umsetzungsschritte

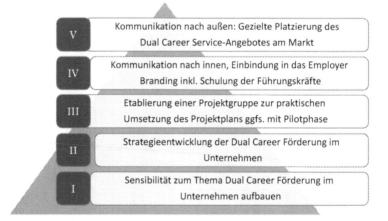

Abb. 4.1 Planung und Umsetzungsschritte

soll ein einheitliches Verständnis des Dual Career Services in der Organisation sichergestellt werden. Insbesondere gilt es die Mitarbeiter innerhalb des Bereiches Human Resources sowie die Führungskräfte in den Fachbereichen zu schulen. In Phase V wird das Angebot auch nach außen kommuniziert und aktiv beworben.

4.2.1 Informations- und Schulungsmaßnahmen

Im ersten Schritt sollte eine intensive Schulung der Mitarbeiter in den Personal-bereichen erfolgen. Ihnen kommt eine entscheidende Rolle bei. Sie sind zentrale Ansprechpartner sowohl für die Führungskräfte wie auch die Mitarbeiter und Bewerber und deren Partner, die schließlich die Zielgruppe des Dual Career Ser-vices darstellen.

Die Schulung sollte die nachfolgenden Elemente beinhalten:

- Zielsetzung des Dual Career Services und Einbindung in das Employer Branding
- Zielgruppe(n)
- Angebotsspektrum
- Umfang der Maßnahmen
- Prozessschritte
- Zuständigkeiten und Ansprechpartner (intern wie extern)
- FAQs
- Praktische Übungen für kritische Gesprächssituationen

Sofern externe Karriere-Coaches zumindest Teile des Beratungsangebotes abdecken – dies wird in der Regel der Fall sein – sollten auch diese bei der Schu-lung berücksichtigt werden. Dies führt zu einer besseren Einbindung, reduziert in der Praxis Reibungsverluste und erleichtert die Kommunikation.

Im nächsten Schritt gilt es die weiteren Ansprechpartner, insbesondere die Führungskräfte in den Fachbereichen sowie die Gleichstellungsbeauftragten und Sozialbereiche zu schulen. Abhängig von der Größe der Organisation kann diese Schulung auch durch speziell geschulte Facilitator erfolgen, die im Rahmen des Rollouts das Angebot in die Gesamtorganisation bringen. Es empfiehlt sich, je Standort einen zentralen Ansprechpartner, häufig ein HR Business Partner, zu ins-tallieren.

Bei diesen Schulungen sollten erfahrungsgemäß insbesondere die eigene Ver-antwortung und Aufgabe im Rahmen des Dual Career Serviceangebotes, FAQs und praktische Übungen für Gesprächssituationen im Mittelpunkt stehen. Ins-besondere wenn sich die Dual Career Angebote auch auf die Zielgruppe der

Bewerber beziehen und als Personalmarketing-Instrument eingesetzt werden sollen, empfiehlt sich die Kombination der Schulungsmaßnahme mit einem Interviewertraining. Dabei sollten den Führungskräften konkrete Hilfestellungen gegeben werden, wie sie das Angebot des Dual Career Services im Vorstellungsgespräch einbringen können, da dieses einen entscheidenden Wettbewerbsvorteil und Anreizfaktor für den Bewerber bedeuten kann.

Hierzu eignen sich besonders Rollenspielübungen oder Best Practice Demos/ Videos.

Nachfolgend ein Beispiel-Dialog, wie diese erfolgen kann:

> **Gesprächsausschnitt zum Thema Dual Career Service im Vorstellungsgespräch**

Interviewer	Ja, wir haben nun schon die wesentlichen Inhalte und Rahmenbedingungen für die ausgeschriebene Stelle besprochen. Lassen Sie mich noch auf ein Angebot explizit hinweisen. Wir fördern aktiv die Vereinbarkeit von beruflicher Entwicklung und privater Partnerschaft. Dies ist Teil unserer Unternehmensphilosophie. Dies bedeutet z. B. konkret, dass wir, wie jetzt in Ihrem Fall bei einem Standortwechsel, auch den Partner bei der beruflichen Neupositionierung am neuen Standort unterstützen.
Bewerber	Oh, das klingt interessant. Können Sie hierzu noch etwas mehr erzählen?
Interviewer	Ja, gerne. Die Entscheidung für einen Jobwechsel mit einem neuen Standort stellt eine Paarbeziehung oft vor eine große Herausforderung. Daher möchten wir hier Hilfestellungen geben, dass Ihr Jobwechsel auch für Ihren Partner beruflich neue interessante Perspektiven eröffnen kann. Möchten Sie etwas Näheres zur beruflichen Situation Ihres Partners sagen?
Bewerber	Ja, mein Partner arbeitet seit 5 Jahren als Ingenieur in der Anlagentechnik. Er ist mit seinem Job sehr zufrieden.
Interviewer	Gerne lädt unser HR-Bereich Sie und Ihren Partner kurzfristig zu einem Informations- und Beratungsgespräch ein. Mit einem Karriere-Coach, der mit den regionalen Arbeitsmarktgegebenheit sehr gut vertraut ist, können erste Überlegungen angestellt werden, welche grundsätzlichen beruflichen Möglichkeiten und Optio-

nen sich für Ihren Partner in der Region bieten. Wenn Sie sich für unsere Stelle entscheiden, bieten wir ein begleitendes Bewerbungscoaching für Ihren Partner, wobei auch unsere Kontakte zu anderen Unternehmen im Rahmen des Dual Career Netzwerkes aktiv genutzt werden können. So besteht die Möglichkeit, Bewerbungen bei diesen Unternehmen direkt zu platzieren und mit einer Priorität zu versehen. Gibt es Aspekte für weitere Unterstützung, die speziell für Sie und Ihren Partner hilfreich wären?

Bewerber   Ja, mein Partner strebt eine Weiterbildung im Bereich agiles Projektmanagement an. Würden Sie so etwas auch unterstützen, das könnte ja eine gute Überbrückung bis zu einem neuen Job sein?

Interviewer Gut, dass Sie das ansprechen, das nehme ich gerne auf und werde mich intern erkundigen. Wir haben für unsere Mitarbeiter ein umfangreiches Weiterbildungsangebot und auch sehr gute Kontakte zu Weiterbildungsträgern. In dem gemeinsamen Informations- und Beratungsgespräch sollten wir das dann auf jeden Fall thematisieren

Es empfiehlt sich, die im Zusammenhang mit dem Thema Dual Career Service durchgeführten Schulungsmaßnahmen auch klar zu strukturieren und zu dokumentieren, damit diese auch für zukünftige Führungskräfte/Mitarbeiter in den Personalbereichen entsprechend wiederholt werden können. Eine Anpassung an die Weiterentwicklung des Programms, auf der Grundlage der Erfahrungen, ist dabei zu gewährleisten.

4.2.2 Umsetzung der Kommunikationsstrategie

Interne Kommunikation

Für die interne Kommunikation an die Mitarbeiter sollten alle verfügbaren internen Kommunikationskanäle wir bereits in Abschn. 3.2.1. aufgeführt, genutzt werden.

Für das Intranet bietet sich eine Beschreibung unter dem Schlagwort Dual Career Service an. Hier gilt es zunächst zu erklären, was unter dem Dual Career Service verstanden wird, das grundsätzliche Spektrum der Angebote zu beschreiben und die jeweiligen Ansprechpartner aufzuführen. Videos helfen, den wesentlichen Nutzen kurz und prägnant aufzuzeigen.

Mit zunehmender Etablierung des Programms können Testimonials von Mitarbeitern das Serviceangebot „mit Leben füllen" und anhand eines konkreten Beispiels beschreiben, wie hilfreich das Dual Career Angebot war. Hier könnte auch nach entsprechender Abstimmung das Angebot stehen, dass diese Mitarbeiter bzw. ihre Partner für Fragen zur Verfügung stehen.

Letztendlich geht es darum, regelmäßig das Thema intern zu platzieren, sei es in Mitarbeitermagazinen, internen Newslettern, auf internen Foren, bei Mitarbeiterversammlungen und Events, um es als festen Bestandteil des Arbeitgeberbildes zu verfestigen. Sofern es in der Organisation ein „Mitarbeiter werben Mitarbeiter-Programm" gibt, sollte auf das Dual Career Service Angebot auch hier explizit hingewiesen werden, da dies ein sehr gutes Argument und ein Türöffner für die Mitarbeiter bei der Ansprache potenzieller Kandidaten darstellen kann. Auch die Erstellung eines Flyers bzw. die Bereitstellung von Infomaterial zur Weitergabe kann hier eine unterstützende Wirkung erzielen.

In Führungskräfte-Meetings sollte das Thema Dual Career in regelmäßigen Abständen auf die Tagungsordnung, um es auch bei den Führungskräften fest zu verankern und gleichzeitig deren Erfahrungen aufzugreifen.

Gerade unter dem Aspekt der Mitarbeiterentwicklung kann es sehr sinnvoll sein, wenn das Thema Dual Career Förderung auch im Rahmen der Mitarbeitergespräche von den Führungskräften bzw. den Personalbereichen aktiv gegenüber den Mitarbeitern angesprochen wird. So lassen sich auch mittel- und längerfristige Veränderungen einleiten und entsprechende Schritte vorbereiten. Dabei kann es auch sinnvoll sein, bei Bedarf den Partner miteinzubinden und zu solchen Gesprächen einzuladen.

Externe Kommunikation

Schließlich gilt es das Dual Career Service Angebot nach außen zu platzieren. Die Umsetzung sollte sich hier sehr stark an den weiteren Personalmarketingmaßnahmen orientieren und sich dort in den Gesamtauftritt integrieren.

Nachfolgend eine Übersicht möglicher Ansatzpunkte:

- Internetauftritt
  Platzierung des Dual Career Angebotes möglichst direkt auf den Bewerberseiten der Homepage und bei den Stellenangeboten
- Unternehmensbroschüren für Bewerber
- Pressemitteilungen
- Videos auf YouTube
  Das Thema Dual Career sollte verstärkt über Videos platziert werden, da sich darüber die Inhalte und Vorteile leichter erklären lassen. Dies ist wesentlich

anschaulicher, als wenn nur der Fachbegriff „Dual Career Service" bei den Arbeitgeberangeboten aufgelistet ist. So besteht die Gefahr, dass es leicht überlesen wird, wenn die Zielgruppe mit dem Begriff kein konkretes Bild vor Augen hat.

- Social Media wie Facebook, Twitter, Instagram
  In sozialen Netzwerken wie Facebook, Twitter oder Instagram lässt sich die Zielgruppe genau auswählen und die Anzeige auf diese targeten (z. B. „Zeige diese Anzeige allen 30 bis 35 jährigen, Frauen mit einem Bachelor- oder Master-Abschluss an") Auch hier sollte verstärkt mit Videos gearbeitet werden, also: 1. Anzeige auf Zielgruppe targeten 2: Videoanzeige erstellen z. B. „Hey du bist Anfang 30, stehst voll im Job und dein Partner ebenfalls? Du bist auf der Suche nach einem Arbeitgeber der dich und deinen Partner dabei unterstützt, Job und Privatleben gut miteinander zu vereinbaren? Dann bist du bei uns genau richtig ...."
  Insbesondere bei der Einführung des Dual Career Angebotes sollte dieses auch über Pressemitteilungen gezielt platziert werden. Eine Media-Agentur kann hier den Zugang zu zielgruppenspezifischen Redaktionen (Portalen und Plattformen, Zeitschriften…)verschaffen.
- Rekrutierungsplattformen (Jobbörsen wie www.monster.com, www.stepstone. com…)
- Berufliche soziale Netzwerke wie www.xing.com und www.LinkedIn.com
- Portale, die sich speziell an die Zielgruppe Hochschulabsolventen und Young Professionals wenden z. B. www.jobify.net, www.staufenbiel.de, www.absolventa.de, www.squeaker.net/de, www.alphajump.de
- Bewertungsportale für Arbeitgeber z. B. www.glassdoor.com, www.kununu.com

Auch Gespräche am Messestand insbesondere auf Rekrutierungsmessen eignen sich sehr gut, um das Dual Career Thema der Zielgruppe nahe zu bringen. Hier können die Vorteile eines Dual Career Angebots direkt im persönlichen Kontakt erläutert werden.

Eine sehr wirksame Form der Öffentlichkeitsarbeit im Sinne der Dual Career Services stellt die Teilnahme an Arbeitgeberwettbewerben z. B. TOP-Arbeitgeber www.top-arbeitgeber.de oder Great Place to work www.greatplacetowork.de dar. Dual Career Service Angebote sind hier ein wichtiger Beitrag, um eine positive Arbeitgeber-Bewertung zu erzielen. Die Auszeichnung kann dann auf der eigenen Homepage wiederum werbewirksam platziert werden. In ähnlicher Weise funktionieren Zertifizierungen z. B. berufundfamilie www.berufundfamilie.de, www.familienfreundlicher-arbeitgeber.de. Hier wird auf der Grundlage von klar definierten Bewertungskriterien und einem daran orientierten Audit eine Zertifizierung vorgenommen. Die Praxis zeigt, dass Bewerber diese Zertifizierungen bei Ihrer Entscheidung für einen Arbeitgeber sehr hoch bewerten.

4.2.3 Zusammenarbeit mit Dienstleistern

Dual Career Service Angebote erfordern bisweilen sehr spezifische Fachkenntnisse, um der Zielgruppe eine professionelle und passgenaue Unterstützung bieten zu können. Daher empfiehlt es sich auf die Expertise und Erfahrung von Experten zurückzugreifen (s. Abb. 4.2).

Abb. 4.2 Dienstleistungen Dual Career Service

Nachfolgend die wesentlichen Dienstleistungsfelder, die dabei in Betracht kommen:

Karriere-Coaching
Hierbei handelt es sich in der Regel um die zentrale Aufgabenstellung, die im Rahmen des Dual Career Services für die Partner ansteht. Da diese sowohl eine hohe Fachexpertise erfordert als auch zeitliche Ressourcen bindet, greifen viele Unternehmen hier auf professionelle Dienstleister zurück. Sie unterstützen und begleiten den Partner in der beruflichen Neupositionierung in allen bereits in Abschn. 3.2.2 und 3.2.3 genannten Themen. Über die DGfK Deutsche Gesellschaft für Karriereberatung e. V. www.dgfk.org können bundesweit Karriereberater gefunden werden, die sich den Standards und ethischen Grundsätzen der als gemeinnützig anerkannten Gesellschaft verpflichten. Dort ist auch eine Checkliste zu finden im Hinblick auf die Auswahl eines Karriereberaters. https://www.dgfk.org/berater.html Unter dem Aspekt des Dual Career Services sollte der Berater speziell in dieser Konstellation Beratungserfahrung vorweisen können. Ferner bieten auch Outplacementberatungen und teilweise auch Personalberatungen Karriere-Coaching im Rahmen ihres Angebotsspektrums an. Sicherlich hängt der Umfang des Coachings von der jeweiligen Situation ab, um eine Prozessansatz zu ermöglichen sollten jedoch zumindest 10 Stunden je Beratungsprozess/Person eingeplant werden.

Geht es um die Unterstützung von Dual Career Paaren bei einer Entsendung ins Ausland (Expatriation) sollte ein Beratungsunternehmen gewählt werden, das international agiert und am Entsendungsstandort vertreten ist. So hat sich z. B. das Beratungsunternehmen NetExpat www.netexpat.com auf die Unterstützung und das Coaching von ins Ausland entsandter Mitarbeiter (Expats) sowie deren Partner spezialisiert und bietet seine Leistungen weltweit an.

Relocationservice
Die Unterstützung bei einer Auslandsentsendung in allen organisatorischen Belangen stellt den Schwerpunkt der Relocationservices dar. Der Umfang der in diesem Zusammenhang erbrachten Dienstleistungen reicht von der Beratung und Vorbereitung in kulturellen und sprachlichen Fragen im Vorfeld des Umzuges über die Unterstützung bei der Beschaffung von Wohnraum, der Abwicklung von mit dem Umzug zusammenhängenden Formalitäten im Gastland, der Organisation von Sprachkursen bis hin zu Maßnahmen zum Wiederaufbau eines

geeigneten sozialen Umfeldes am neuen Wohnort. Da bei Auslandsentsendungen auch zahlreiche länderspezifische Themen wie z. B.

- Renten- und Krankenversicherungsfragen
- Schulsysteme und Auswahlkriterien
- Besonderheiten des Wohnungsmarktes und der Wohnungssuche
- Lebenshaltungskosten und Standards
- Visa- und Arbeitsgenehmigungsverfahren

zu berücksichtigen sind, kann die professionelle Unterstützung durch einen Relocationservice von entscheidender Bedeutung für den erfolgreichen Start am neuen Standort sein.

Gerade für Dual Career Paare ist das zuletzt genannte Thema oft problematisch, wenn der Mitarbeiter entsandt wird, jedoch für den Partner eine Arbeitserlaubnis nur bedingt oder unter bestimmten Voraussetzungen erlangt werden kann. Hier sind Experten gefragt, die sich mit den länderspezifischen Regelungen auskennen und beratend tätig werden können.

Relocationservices können jedoch auch bei Versetzungen innerhalb von Deutschland sinnvoll sein, wenn es darum geht, das Dual Career Paar bei organisatorischen Aufgaben wie Ab- oder Ummeldung von Fahrzeugen, TV, Radio, Internet, Telefon, Strom, Gas und Heizung, Koordination von Wohnungsbesichtigungsterminen … zu entlasten.

EAP Leistungen

Employee Assistance Programme sind eine externe Dienstleistung, die Mitarbeiter und ihre Angehörigen sowohl in beruflich verursachten wie privat begründeten Belastungssituationen unterstützen sollen. Der Fokus ist auf Prävention gelegt, um frühzeitig Risiken zu erkennen und zielgerichtet Gegenmaßnahmen ergreifen zu können. Das Spektrum des Angebotes umfasst dabei auch die Themenfelder:

- Beratung, Unterstützung und Coaching für Mitarbeiter rund um das Thema Arbeit & Beruf
- Unterstützung bei allen Themen rund um Ehe, Partnerschaft und Familie für Mitarbeiter und ihre Angehörigen
- Coaching und Beratung bei psychischen Belastungen der Mitarbeiter und ihrer Angehörigen

- Fachliche Beratung bei allen Fragen rund um körperliche Gesundheit und Krankheit
- Familienservice: Hilfestellung bei pflegebedürftigen Angehörigen und Kinderbetreuung

Insbesondere die Unterstützung bei der kurzfristigen Organisation von Betreuungsleistungen, wie Pflege eines kranken Kindes, die Suche nach einer Kurzzeitpflege für pflegebedürftige Angehörige bis hin zu Sitting-Services für Haustiere, kann für Dual Career Paare eine große Entlastung darstellen.

Rechtsberatung

Eine kompetente Unterstützung bei rechtlichen Fragestellungen durch einen Fachjuristen ist, insbesondere wenn es z. B. um die Anerkennung von ausländischen Bildungsabschlüssen oder eine Aufenthaltsgenehmigungen des Dual Career Partners geht, sehr hilfreich. Daher ist es sinnvoll, den Kontakt zu entsprechenden Anbietern aufzubauen. Häufig bieten auch Arbeitgeber- oder Berufsverbände entsprechende juristische Beratungsangebote.

Übersetzungsleistungen

Um die im Ausland erworbene berufliche Qualifikation eines Dual Career Partners belegen zu können und damit die Chancen am Arbeitsmarkt voll auszuschöpfen, bedarf es in der Regel der Übersetzung und Beglaubigung von Dokumenten und Arbeitszeugnissen. Hierfür sollte der Kontakt zu Übersetzungsbüros und vereidigten Übersetzern aufgebaut werden.

Kinderbetreuungsservice

Nur große Arbeitgeber können es sich in der Regel leisten, eigene Betreuungseinrichtungen für die Kinder ihrer Mitarbeiter zu betreiben. Die Zusammenarbeit mit Kinderbetreuungseinrichtungen oder Dienstleistern, die diese vermitteln bzw. organisieren, stellt für Dual Career Paare mit Kindern daher häufig ein besonders wichtiges Serviceangebot dar. Eine hohe zeitliche Flexibilität was die Betreuungszeiten betrifft, sollte bei der Auswahl der Einrichtungen berücksichtigt werden, um den Bedürfnissen der Mitarbeiter und ihren Partnern bestmöglich entgegen kommen zu können.

Personalberatung und -vermittlung

Eine sinnvolle Ergänzung zum Karriere-Coaching des Dual Career Partners stellt die Zusammenarbeit mit Personalberatern und -vermittlern dar. Diese suchen im Auftrag ihrer Unternehmenskunden nach Mitarbeitern und haben damit direkten Zugang zu Vakanzen. Häufig bieten auch Personalberater und -vermittler in begrenztem Umfang Beratungsangebote für Stellensucher. Letztendlich kann dieses Angebot nicht das Karriere-Coaching ersetzen, da Personalberater immer den Fokus bei ihrem Firmenkunden haben, während der Karriere-Coach das Interesse des Ratsuchenden, in diesem Fall des Dual Career Partners in den Mittelpunkt stellt und ihm dabei hilft, seine Potenziale zu erkennen und zielgerichtet am Arbeitsmarkt einzusetzen.

Weiterbildungsberatung

Neben der direkten Suche nach einer beruflichen Neupositionierung am neuen Standort, kann die berufliche Weiterqualifizierung des Dual Career Partner ebenfalls ein sinnvoller (Zwischen-)schritt sein. Besteht seitens des Dual Career Partners diesbezüglich Interesse oder ergeben sich auf der Grundlage des Karriere-Coachings hier Ansatzpunkte, sollte ein schneller Zugang zu Weiterbildungsberatungen oder Bildungsträgern ermöglicht werden.

Die genannten Dienstleistungen sind Themenfelder, die häufig im Zusammenhang mit Dual Career Fragestellungen sinnvoll sind. Sie stellen keinen Anspruch auf Vollständigkeit. Andererseits müssen auch nicht alle angesprochenen Leistungen seitens der Organisation von Anfang an den Mitarbeitern zur Verfügung gestellt werden. Der Dual Career Service entwickelt sich in der Regel über den Zeitverlauf und den nachgefragten Bedarf und immer vor dem Hintergrund der zur Verfügung stehenden Budgets.

4.3   Evaluierung und Weiterentwicklung des Angebots

Nach Abschluss einer möglichen Pilotphase, spätestens jedoch nach einem Jahr, sollte eine erste Evaluierung des Dual Career Serviceangebotes erfolgen. Hierzu ist der Einsatz einer Befragung bei den Dual Career Paaren, die den Service in Anspruch genommen haben, sinnvoll.

Der nachfolgende Fragebogen kann als Orientierung dienen.

Evaluierungsfragebogen

Dual Career Service (Mitarbeiter 0) (Partner 0) bitte ankreuzen

1.   Wie haben Sie von den Angeboten des Dual Career Services erfahren?
     0 wurde aktiv darauf angesprochen
     0 habe auf der Firmen-Homepage davon gelesen
     0 habe selbst danach gefragt
     0 Sonstiges _____

2.   Hatten Sie einen festen Ansprechpartner?
     0 ja   Name:_____   0 nein

3.   Welche Leistungen des Dual Career Services haben Sie in Anspruch genommen?
     Leistung 1_____
     Leistung 2_____
     Leistung 3_____

		Leistung 1	Leistung 2	Leistung 3
4.	Wie zufrieden waren Sie mit der/dem	- +	- +	- +
	Inhaltlichen Qualität	0 0 0 0 0 0	0 0 0 0 0 0	0 0 0 0 0 0
	Zeitlichen Verfügbarkeit	0 0 0 0 0 0	0 0 0 0 0 0	0 0 0 0 0 0
	Umfang	0 0 0 0 0 0	0 0 0 0 0 0	0 0 0 0 0 0
	Serviceorientierung des Dienstleisters	0 0 0 0 0 0	0 0 0 0 0 0	0 0 0 0 0 0
	Individualität der Leistung	0 0 0 0 0 0	0 0 0 0 0 0	0 0 0 0 0 0
	Aufwand /Nutzen	0 0 0 0 0 0	0 0 0 0 0 0	0 0 0 0 0 0

5.   Würden Sie die Leistungen weiter-   ja 0   nein 0   ja 0   nein 0   ja 0   nein 0
     empfehlen?

6.   Welche Änderungsvorschläge haben Sie zum bestehenden Dual Career Service Angebot?
     _____
     _____
     _____

7.   Welche zusätzlichen Leistungen im Rahmen des Dual Career Service wären aus Ihrer Sicht
     sinnvoll?
     _____
     _____
     _____

Neben der Befragung der Dual Career Paare sollten auch die Führungskräfte befragt werden, wie sie das Angebot wahrnehmen bzw. sie sich in ihrer Rolle fühlen. Die Evaluation bietet die Möglichkeit der Professionalisierung und Weiterentwicklung des Angebots. Eine solide Dokumentation der Ergebnisse bietet auch eine gute Grundlage für die Argumentation gegenüber der Geschäftsleitung im Hinblick auf die Fortführung des Dual Career Service Angebots und für die Bereitstellung der notwendigen Budgets.

4.4 Netzwerkbildung mit regionalen Partnern

Die Möglichkeiten im Rahmen eines Dual Career Services nehmen deutlich zu, wenn sich Organisationen regional zu Netzwerken zusammenschließen. Durch die Mitgliedschaft in einem Netzwerk können Organisationen in Bezug auf Anzahl und Branche eine breitere Basis an vakanten Positionen schaffen. So vergrößern sich die Chancen, dass Dual Career Partner adäquate Stellen in der Region finden können und dort einen bevorzugten Zugang haben. Ferner bietet sich durch die Bündelung der Kräfte in einem Netzwerk die Möglichkeit, Kooperationsprojekte durchzuführen. Die Bereitstellung von Informationsmaterial, gemeinsame Veranstaltungen oder Leistungen lassen sich auf dieser Basis wesentlich leichter realisieren. In den Netzwerken haben sich die gezielte Weitergabe von Bewerbungsunterlagen der Dual Career Partner gut bewährt. Hierbei ist zu beachten, dass der Datenschutz gewahrt ist und Lebensläufe nur nach Absprache mit dem Partner an potenzielle Arbeitgeber weitergegeben werden.

Netzwerk bedeutet, dass auch ein regelmäßiger Austausch zwischen den Netzwerkpartnern erfolgt. Hierzu sollte jede Organisation einen Ansprechpartner benennen. Dieser wird in der Regel aus dem Bereich Human Resources stammen. Die Netzwerktreffen bieten ferner eine gute Gelegenheit des Erfahrungsaustauschs. In einem vertraulichen Kreis können neben Best Practices auch nicht so erfolgreich verlaufene Maßnahmen besprochen werden, die die Netzwerkpartner vor vergleichbaren Problemen bewahren können.

Darüber hinaus bietet das Netzwerk die Möglichkeit, dass Dual Career Paare aus den unterschiedlichen Organisationen selbst ein regionales Netzwerk bilden können und so die Eingliederung am neuen Standort erleichtert wird.

4.4.1 Wer sind geeignete Netzwerkpartner?

Als Netzwerkpartner kommen zunächst alle Institutionen infrage, die

- in der Region niedergelassen sind
- das Thema Dual Career aktiv in ihrer Organisation fördern
- sich im regionalen Verbund einbringen wollen

Da die Hochschulen auf dem Gebiet der Dual Career Förderung in Deutschland Wegbereiter sind, sollten, sofern vorhanden, die regionalen Hochschulen und Bildungseinrichtungen mit ins Boot genommen werden. Auch die Industrie- und Handelskammer, die Handwerkskammer, die Wirtschaftsförderung, der Arbeitgeberservice der Agentur für Arbeit sowie die „lokalen Bündnisse für Familie"[1], sind hilfreiche Partner, die ihrerseits wieder gut vernetzt sind und daher einen Mehrwert im Sinne des Themas bieten können. Ferner sollten die Städte bzw. Kreise mit einbezogen werden sowie regionale Einrichtungen, die einen Bezug zum Thema haben.

4.4.2 Organisation des Dual Career Netzwerks

Um die Verbindlichkeit im Netzwerk zu erhöhen, empfiehlt sich eine gemeinsame Erklärung der Mitgliedsunternehmen. Diese bietet auch die Möglichkeit, dass es klare gemeinsam getragene Regelungen gibt. So können auch gegenüber Bewerbenden konkrete Unternehmensnamen genannt und das Netzwerk werbewirksam nach außen präsentiert werden.

Eine solche gemeinsame Erklärung sollten folgende Punkte berücksichtigen.[2]

- Definition des geförderten Personenkreises
- Bestimmung einer bestimmten Ansprechperson für Dual Career-Anfragen
- Wohlwollende Prüfung von Anfragen aus dem Netzwerk
- Aufbau interner Prozesse für zeitnahe Rückmeldungen auf Anfragen und interne Kommunikation des Themas „Akzeptanz"

---

[1]Es handelt sich dabei um Netzwerke von Akteuren aus Wirtschaft, Politik und Zivilgesellschaft. www.lokale-buendnisse-fuer-familie.de/.

[2]Vgl. Statistisches Landesamt Baden-Württemberg (2012) Praxishandbuch Dual Career.

- Prinzip der Bestenauslese
- Verfügbarkeit des Unternehmenslogos für die gemeinsame Öffentlichkeitsarbeit, z. B. die Netzwerk-Homepage

Eine „optimale" Größe für ein Dual Career Netzwerk lässt sich nur schwer festlegen. Eine größere Zahl von Kooperationspartnern erhöht einerseits die Chance, eine passende Stelle zu finden und hat Vorteile bei der Außendarstellung des Netzwerks. Ferner verbreitert sich die finanzielle Basis. Gleichzeitig wird die Organisation und Koordination eines größeren Netzwerks schwieriger. Während in einem kleineren Netzwerk alle Vertreter der einzelnen Netzwerkpartner sich sehr schnell kennenlernen und einen vertrauensvollen persönlichen Kontakt aufbauen können, ist die Verbindlichkeit in einem größeren Netzwerk häufig nicht so ausgeprägt. Daher sollte sich die Größe des Netzwerks an den jeweiligen Zielen, die mit dem Netzwerk verbunden sind, ausrichten.

Wenn die Ressourcen in den Mitgliedsorganisationen begrenzt sind, können die Netzwerkmitglieder auch ein gemeinsames Netzwerkbüro einrichten bzw. einen externen Dienstleister damit beauftragen.

4.5   Regionale Welcome Center

Mit zunehmender Verschärfung des Wettbewerbs um qualifiziertes Fachpersonal, wächst auf regionaler Ebene das Bewusstsein, dass Fach- und Führungskräfte gezielt für eine Region zu begeistern sind. Im Rahmen des regionalen Marketings werden hierzu immer häufiger so genannte „Welcome Center" ins Leben gerufen. Ziel ist es an einem Zuzug in die Region Interessierten bzw. neu Zugezogenen in der Region helfend zur Seite zu stehen, um alle Fragen des täglichen Lebens und mögliche vorhandene Zweifel zu klären. Es soll eine Willkommenskultur vermittelt werden, die den Zuzug erleichtert und den Kontakt zu Arbeitgebern, öffentlichen Institutionen und der Bevölkerung erleichtert. Internationale Fachkräfte erhalten z. B. im WELCOMECENTER Hessen als zentraler Anlauf- und Beratungsstelle für Hessen Informationen und Unterstützung rund um das Leben und Arbeiten in Hessen. Je nach Bedarf werden die Neueinreisenden auf Deutsch, Englisch, Spanisch oder Arabisch beraten. Sie erhalten beispielsweise Informationen zu den Themen Arbeitserlaubnis und Berufsanerkennung, zum Deutschlernen sowie Tipps für Bewerbungen und Vorstellungsgespräche. Das WELCOMECENTER Hessen ist ein Gemeinschaftsprojekt des Hessischen

Ministeriums für Soziales und Integration und der Regionaldirektion Hessen und Agentur für Arbeit Frankfurt/M. der Bundesagentur für Arbeit in Kooperation mit der Handwerkskammer Frankfurt-Rhein-Main. Das Thema Dual Career spielt im Beratungsalltag hier eine wichtige Rolle, sodass eine Kooperation bzw. eine direkte Zusammenführung von Aktivitäten innerhalb der Region als sehr sinnvoll erscheint. So lassen sich die unterschiedlichen Arbeits- und Lebensbereiche, die für Dual Career Paare relevant sind, zielgerichtet zusammenführen.

Letztendlich geht es darum, Dual Career Paaren ein ganzheitliches Unterstützungsangebot unterbreiten zu können, das ihnen dabei hilft, berufliche Weiterentwicklung und Privatleben harmonisch miteinander zu verbinden und auch Ortswechsel gemeinsam erfolgreich zu meistern. Daher sollten sowohl Unternehmen und öffentliche Einrichtungen Hand in Hand daran arbeiten.

Kontaktadressen und hilfreiche links

Dual Career Netzwerk Deutschland www.DCND.org
DGfK Deutsche Gesellschaft für Karriereberatung e. V. www.dgfk.org

Great Place to work www.greatplacetowork.de (Arbeitgeberwettbewerb)

TOP-Arbeitgeber www.top-arbeitgeber.de (Arbeitgeberwettbewerb)
berufundfamilie www.berufundfamilie.de (Audit)

familienfreundlicher Arbeitgeber www.familienfreundlicher-arbeitgeber.de (Audit)

Berlin:
Dual Career Netzwerk Berlin
www.talent-berlin.de/komm-nach-berlin/dual-career/

Welcome Center Berlin
www.berlin.de/willkommenszentrum/en/

Braunschweig und Lüneburg-Wolfsburg-Region:
Welcome Center der Region
https://welcome-center-der-region.de/welcome-center/regionnetzwerk/

Bodenseeregion:
Netzwerk 2careers
http://www.2careers.net/

© Springer Fachmedien Wiesbaden GmbH, ein Teil von Springer Nature 2019   49
D. Brenner, *Dual Career Service,* essentials,
https://doi.org/10.1007/978-3-658-25504-6

Darmstadt:
Dual Career Netzwerk Darmstadt
https://www.intern.tu-darmstadt.de/dez_vii/pe/dc_service/nwda/index.de.jsp

Erzgebirge:
Welcome Center Erzgebirge
www.welcome-erzgebirge.de

Essen:
Welcome Center Essen
www.essen.de/rathaus/aemter/ordner_33/buergeraemter/welcomecenter/welco-
mecenter_1.de.html

Frankfurt/Rhein-Main-Region:
Dual Career Netzwerk Metropolregion Rhein-Main
www.uni-frankfurt.de/41069514/rhein-main?

Hamburg:
Welcome Center Hamburg
www.welcome.hamburg.de/

Hannover:
Dual Career Netzwerk der Initiative Wissenschaft Hannover
www.dualcareer-hannover.de

Heilbronn-Franken:
Welcome Center Heilbronn-Franken
www.welcomecenter-hnf.com/home.html

Hessen:
Welcome Center Hessen
www.vielfalt-bewegt-frankfurt.de/de/angebote/welcomecenter-hessen

Mitteldeutschland:
Dual Career Netzwerk Mitteldeutschland
www.dcnm.de/de

München:
Munich Dual Career Office
Technische Universität München
www.dualcareer.tum.de/mdco-home/

Rheinland:
Dual Career Netzwerk Rheinland
www.dualcareer-rheinland.de/dc-rheinland/DE/Home/home_node.html

Rhein-Neckar:
Rhein-Neckar-Metropolregion
www.m-r-n.com/projekte/netzwerk-internationale-fachkraefte-/dualcareer-arbeit-geberservice.pdf

Welcome Center Rhein-Neckar
www.welcomecenter-rn.de/

Rostock:
Welcome Center Region Rostock
www.welcome-region-rostock.de/

Sachsen-Anhalt:
Welcome Center Sachsen-Anhalt
www.welcomecenter-sachsen-anhalt.de/home.html

Stuttgart:
Dual Career Netzwerk Region Stuttgart
fachkraefte.region-stuttgart.de/gewinnen/was-wir-bieten-gewinnen/dual-career-center-region-stuttgart/

SüdOstNiedersachsen
Dual Career Netzwerk SüdOstNiedersachsen
www.allianz-fuer-die-region.de/wirtschaftsfoerderung/dual-career-netzwerk-sue-dostniedersachsen/?L=0

Thüringen
Dual Career Netzwerk Thüringen
www.tlpk.de/netzwerke/dual-career-netzwerk-thueringen/

geprüft 1_2019

Was Sie aus diesem *essential* mitnehmen können

- Dual Career Paare sind eine zunehmend wichtige Zielgruppe für Arbeitgeber
- Dual Career Serviceangebote können die Attraktivität als Arbeitgeber entscheidend verbessern
- Besonders die Unterstützung der Partner bei der Jobsuche erhöht die Bereitschaft zur Mobilität bei der Rekrutierung von Bewerbern wie auch bei Mitarbeitern
- Ein klares Konzept und eine zielgerichtete Implementierung und Schulung aller Beteiligten ist die Grundlage für eine erfolgreiche Umsetzung eines Dual Career Services
- Die Bildung von regionalen Netzwerken kann das Angebot von Dual Career Services deutlich verbessern

© Springer Fachmedien Wiesbaden GmbH, ein Teil von Springer Nature 2019
D. Brenner, *Dual Career Service*, essentials,
https://doi.org/10.1007/978-3-658-25504-6

Literatur

Brenner, Doris, Brenner, Frank: Punkten Sie mit Ihren Stärken, Haufe Verlag Freiburg

Brenner, Doris: Networking im Job, Hauf Verlag Freiburg

Brenner, Doris: Onboarding, Springer Gabler, Wiesbaden

Dahms, Stefanie: Dual Career Couples im internationalen Management. AV Akademikerverlag, Saarbrücken

Deutsches Jugendinstitut e.V. Bathmann, Nina, Cornelißen, Waltraud, Müller, Dagmar: Gemeinsam zum Erfolg? Berufliche Karrieren von Frauen in Paarbeziehungen, Springer Verlag, München

Krause-Nicolai, Doris: Dual Career Couples im Internationalen Einsatz, *Band 3164 von 5*, Europäische Hochschulschriften, Frankfurt

Kronsbein, Wiebke (Hrsg.) Karriereverläufe in Forschung und Entwicklung, Logos Verlag, Berlin

Statistisches Landesamt Baden-Württemberg: Praxishandbuch Dual Career- Zukunftsorientiertes Personalmanagement. Statistisches Landesamt Baden-Württemberg, Stuttgart

Walter, Kathrin, Lukoschat, Helga: Kinder und Karrieren: Die neuen Paare. Verlag Bertelsmann Stiftung, Gütersloh

Quellen

Mc Kinsey: Studie: Wettbewerbsfaktor Fachkräfte 2011 online https://www.presseportal.de/pm/14454/2038678

Statistisches Landesamt Baden-Württemberg. (2012). *Praxishandbuch Dual Career- Zukunftsorientiertes Personalmanagement*. Stuttgart: Statistisches Landesamt Baden-Württemberg.

© Springer Fachmedien Wiesbaden GmbH, ein Teil von Springer Nature 2019
D. Brenner, *Dual Career Service, essentials*,
https://doi.org/10.1007/978-3-658-25504-6

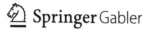

Printed in the United States
By Bookmasters